天文秘訣

천문비결(天門秘訣) –개정판

초판 1쇄 발행 / 2000년 8월 10 일
개정판 1쇄 발행 / 2025년 1월 29 일

지 은 이 / 김 정 여
펴 낸 이 / 이 춘 호
펴 낸 곳 / 당그래출판사
등록번호 / 제22-38호 등록일자 / 1989년 7월 7일
04627 서울 중구 퇴계로32길 34-5(예장동)
전화 (02) 2272-6603 팩스 (02) 2272-6604

값 45,000원 (책과 카드 111장을 포함한 가격임)

Text Copyright ⓒ 2000 by 김정여. Card illustrations copyright ⓒ 2000 by 김길중.
Printed in Korea, 2000   ISBN 978-89-6042-063-8

당그래 논이나 밭의 흙을 고르거나 씨뿌린 뒤 흙을 덮을 때, 곡식을 모으거나 펼 때 사용하는 우리 농기구 이름입니다.
당그래출판사는 각지 사방에 흩어져 있는, 우리 삶에 양식이 될 원고를 모아 정성들여 펴내는 일을 하는 곳입니다.

天文秘訣

■ 이 책을 쓴 김정여는 1968년 경북청도 출생으로 전통적 유교집안에서 성장. 12세 때 처음으로 접신 사람들의 점을 봐주기 시작함. 20세부터는 명리학을 공부함. 계속되는 신병으로 고생하다가 26세 되던 해 김금화 선생의 신딸인 황해도 만신 이해경을 만나 내림굿을 하고 정식 무속인이 됨. 97년 봄 잠을 자다가 불현듯 들리는 소리에 잠이 깨 천문비결을 얻음. 98년 정월 백일기도를 끝내며 천문비결의 사용법을 알게되었고 사람들이 널리 사용할 수 있도록 하라는 신의 하명을 받음. 98년 KBS [미스테리 추적]에 소개되어 천문비결을 처음으로 세상에 알림.

■이 책의 카드 108장 그림을 그린 김길중 화백은 1949년 충남 대전 출생으로 95·96·99 [누드 크로키전]을 비롯, 96년 [세 사람전](*송하 겔러리*), 97년 [독일 프랑크 푸르트시장 초대전](*프랑크푸르트 시청*), 98년 [8인의 누드전](*부산 송하갤러리*), 98년 [개인전](*부산 건축사 회관*), 98년 [유럽 스케치전](*아트코리아 창사 1주년 초대전 서울 운현궁미술관*), 99년 [아! 대한민국전 초대전](*서울 갤러리상*), 99년 [남부 미술제](*진주 문화회관*)을 했으며, 수상 경력으로 05년 서울 여성미술대전 공모전 특선(*서울 조선일보 전시관*) 등 8회 경력이 있고, 18년 10월 초대 개인전(*정준호갤러리*)을 시작으로 7회를 했다. 현재 양산 미협회원, 한국미술협회회원, 부산 누드 드로잉 협회회원, 예누드회원이다.

서 문

먼저 나에게 천문비결을 내려주신 하늘과 땅의 모든 선신들께 감사의 말씀 올린다. 정축(丁丑)년 봄. 나는 잠결에 귓가를 울리는 소리에 눈을 떴다.

"새벽녘 닭 목 뽑고 홰를 치며 우나니 비로소 세상이 열리도다."

그 목소리는 근엄하면서도 자상했다. 신의 음성임을 안 나는 자리에서 일어났다. 그리고는 종이와 펜을 찾았다. 분명 의미 있는 암시라는 생각에 잊어버리기 전 적어 두려는 심사였던 것이다. 그런데 글귀를 적어두자마자 또 다른 소리가 들리는 것 아닌가.

"모든 것이 새로우니 처음부터 다시 시작하는 운이로다."

도대체 이게 무슨 말씀일까 하고 이상히 여기며 두 번째 소리도 받아 적었다. 두 번째 글귀를 다 적자 세 번째 또 다른 소리가 들려오고 동틀 무렵 시작된 받아쓰기는 아침이 되어서야 끝이 났다.

다 적은 뒤 나는 한 구절 한 구절 읽으며 순서대로 번호를 붙여보았다. 모두 108가지였다. 바로 점괘였던 것이다. 다음날 나는 종이를 사다가 잘라 카드를 만들었다. 그리고 백지 3장을 함께 넣어 모두 111장의 카드가 완성됐다.

그러나 그것은 이내 사용되지 못했다. 글귀가 의미하는 바를 정확히 알 수 없기 때문이었다. 그렇게 오랫동안 111장의 카드는 신단 한쪽에 놓여 있었다. 그야말로 무용지물이 되어 버렸던 것이다. 그러다 정축(丁丑)년 10월 초 나는 백일기도에 들어갔다. 삼칠일이 지났을 무렵 몸주이신 천문도사께서 말씀하시길

"너는 아침에 일러준 말을 저녁이 되면 잊어버리니 적어 두라" 하시었다. 그래서 종이와 펜을 준비하자 그 111궤에 대한 해석을 주셨다. 그것은 뜻밖의 수확이었다.

그렇게 하루에 몇 글귀씩 해석을 주시는 동안 정축년이 다 가고 무인(戊寅)년 정월 보름에 백일기도는 끝이 났고 해석도 모두 끝났는데 정확한 사용법까지 일러주시며 "이것은 천문비결이라 하고, 많은 사람들을 위해 널리 사용하라" 하셨다. 다음날로 나는 임상에 들어갔고 가히 신출귀몰하게 맞아 들어갔다. 이 궤를 뽑아 본 신도들은 너무도 신기해하며 모든 일을 이 궤를 뽑아 해결하고 결정하기 시작했다.

반면 나는 걱정이 되었다. 만일 내가 사라지면 이 궤도 사라지지 않을까 천문비결은 영원히 땅 속에 묻혀 버릴지도 모를 일이 아닌가. 물론 아직은 젊지만 언제 어떤 일이 있을지 모르는 게 인생 아닌가. 많은 사람을 위해 사용하라 하였으니 내가 없어도 누군가가 천문비결을 이용해 사람들에게 이로움을 주어야 했다.

그래서 비결서를 정리해 두기로 했다. 어쩌면 이 비결서를 남기는 것이 무속인으로서 나의 삶에 가장 의미 있는 일이 되는지도 모른다. 형편이 된다면 출판을 해서 좀더 많은 사람에게 도움이 되었으면 좋겠으나, 나는 아직 가난한 무속인에 불과하여 이렇게 악필로 정리를 해둔다.

또한 글재주도 없는 내가 이렇게 서문을 남겨두는 것은 언제 누가 이 비결서를 손에 넣을는지 알 수 없으나 이 비결서의 탄생여부와 내가 얼마나 이 비결서에 애정을 갖고 있는지 조금이나마 표현하고 싶어서이다. 이 비결서가 부와 명예를 가져다주는 것은 아닐지라도 최소한 모든 사람에게 도움이 될 수 있다는 점을 염두에 두길 바라며, 또한 나는 사라지더라도 이 비결서만은 영원히 사람들에게 이로움을 줄 수 있기를 염원한다.

戊寅年 正月 신전 앞에서
무속인 방울 **김 정 여**

天文秘訣

- 서문 · 5
- 이 책을 사용하기 전 · 14
- 사용법 · 17

1. 새벽녘 닭이 목을 뽑고 홰를 치며 우나니 비로소 세상이 열리도다 · 20
2. 모든 것이 새로우니 처음부터 다시 시작하는 운이로다 · 22
3. 많은 사람 속에 고개 숙이니 경쟁에서 패배하리라 · 24
4. 웃는 얼굴을 조심하라 그 속에 악이 숨 쉬도다 · 26
5. 배고픈 영혼이 숨죽여 흐느낀다 · 28
6. 첩첩산중에 홀로 앉았으니 밤과 낮이 모두 무섭구나 · 30
7. 해 저무는 길가에서 나그네가 먼 산을 바라보며 한숨짓는다 · 32
8. 촛불을 밝혀 놓고 바라보는 형상 · 34
9. 산을 보고 절을 한다 · 36
10. 바다를 보고 절한다 · 38
11. 북두칠성의 기운이 그대로 내려서니 칠성공덕으로 살아가라 · 40
12. 옥황상제 앞에 무릎 꿇었으니 공덕 쌓으며 살아야 한다 · 42
13. 하나하나 불어나는 형상이니 기쁨이 넘치리라 · 44
14. 하늘이 열리었으니 바라는 일이 이루어지리라 · 46
15. 조상이 등을 돌리고 앉았으니 하는 일마다 막힘이 많다 · 48
16. 고속도로를 달리는 형상 · 50
17. 많은 사람 속에 웃고 있으니 경쟁에서 이기리라 · 52
18. 새싹이 돋아나는 형상이니 새로운 일을 도모하라 · 54
19. 자라던 나무의 뿌리가 썩었도다 · 56
20. 가슴에 칼을 품었으니 한 맺힌 삶이로다 · 58

21. 많은 사람 앞에 섰으니 인간을 교화하는 일로 평생을 살아가라 · 60

22. 여자가 손에 꽃을 들었으니 화류팔자 · 62

23. 머리에 관을 쓰니 관직에 등용할 것이로다 · 64

24. 여자 머리에 화관을 쓰니 경사가 있으리라 · 66

25. 캄캄한 밤 멀리서 희미한 불빛보이니 서둘러 걸음을 재촉하면 어둠을 피하리라 · 68

26. 책을 펴고 앉았으니 평생 공부하는 운이로다 · 70

27. 책을 덮고 먼 산을 바라보니 학업의 인연이 없다 · 72

28. 그림을 그리나니 예인의 팔자 · 74

29. 대낮에 먹구름이 밀려오는 형상 · 76

30. 날이 밝았는데 해가 떠오르지 않으니 흐린 날이요 · 78

31. 장대같이 쏟아지는 빗속에 우산도 없이 허허벌판에 서 있는 형상 · 80

32. 쏟아지는 비 속에 우산 쓰고 바삐 가는 형상 · 82

33. 남의 것을 탐내는 형상이니 화가 닥치도다 · 85

34. 광 속에 곡식이 가득 차 있는데 쥐 한 마리가 들어온 형상이다 · 87

35. 아침에 까치가 우니 필경 길조 · 89

36. 아침에 까마귀가 우니 필경 흉조 · 91

37. 산에 무지개가 걸렸으니 아름다움이 극에 달하도다 · 93

38. 달이 찼으니 기우는 것이 걱정이로다 · 95

39. 밥은 한 공기인데 숟가락은 여러 개 · 97

40. 주머니에 구멍 났다 · 99

42. 여기서도 쿵, 저기서도 쿵, 사고 조심 · 101

42. 손발이 묶였으니 관재 조심 · 103

43. 물에 빠져 허우적거리는 형상 · 106

44. 빈방에 홀로 누우니 독수공방 · 108

45. 물레방앗간에 남녀가 몰래 만나니 필경 바르지 못한 만남이라 · 110

46. 약그릇을 들고 앉았으니 몸 수가 사나우리 · 112

47. 몸져누웠는데 돌봐주는 이가 없다 · 114

48. 많은 사람이 모여 앉아 곡을 하니 흉조 · 116

49. 유리그릇이 깨어지니 모든 것이 허사로다 · 118

50. 조상이 보호하니 그 음덕으로 살아가리라 · *120*

51. 청춘 원혼귀가 따라다니니 하는 일마다 힘들도다 · *122*

52. 한 남자가 두 여자를 거느리는 형상 · *124*

53. 자식이 많아도 뿔뿔이 흩어지고 두 어머니를 모시게 된다 · *126*

54. 한 많고 원 많은 조상들이 앞서거니 뒤서거니 둘러앉아 막힘이 많다 · *128*

55. 꽃방석에 앉았으니 절로 웃음이 나는구나 · *130*

56. 행색은 남루하나 그 언동이 범상치 않도다 · *132*

57. 아침바람이 향긋하니 시작이 즐겁도다 · *134*

58. 미운 오리새끼의 형상이로다 · *136*

59. 가는 곳마다 웃음꽃이 피는구나 · *138*

60. 해가 저무는 형상이로다 · *140*

61. 산전수전 다 겪었구나 · *142*

62. 오르막을 오르는 형상 · *145*

63. 내리막을 내려오는 형상 · *147*

64. 망망대해, 나룻배 한 척에 몸을 실었도다 · *149*

65. 꿈이 현실로 나타나게 된다 · *151*

66. 신에게 의지하지 않으면 액이 닥치나니 신께 성심으로 기도하라 · *152*

67. 봄 · *154*

68. 여름 · *156*

69. 가을 · *158*

70. 겨울 · *160*

71. 사랑 · *162*

72. 미움 · *164*

73. 증오 · *166*

74. 나그네가 수레 가득 곡식을 싣고 집으로 돌아옴 · *169*

75. 나그네가 빈 수레를 지친 몸으로 이끌고 돌아옴 · *171*

76. 가을 들녘에 풍성한 과일이 열렸으니 풍년이로다 · *173*

77. 칠월 칠석에 견우 직녀가 만나도다 · *175*

78. 음악소리 노랫소리 만발하니 모두가 즐겁구나 · *177*

79. 화장한 얼굴에 그늘이 지도다 · *179*

80. 여자가 밤에 화장을 하는구나 · *181*

81. 가는 곳마다 문이 닫혀 있다 · *183*

82. 가는 곳마다 문이 열렸도다 · *185*

83. 마음에 묻은 때를 벗지 못하고 몸에 묻은 때만 나무란다 · *186*

84. 부모형제 간 곳 없다 · *188*

85. 조상의 묘가 어지럽다 · *190*

86. 수풀이 우거져 길을 찾지 못하도다 · *192*

87. 책 보따리 짊어지고 산으로 가는 형상 · *194*

88. 임금이 머리의 왕관을 벗어 던지는 형상 · *195*

89. 장군이 대군을 이끌고 전쟁터로 간다 · *197*

90. 간밤에 내린 비에 꽃이 봉우리를 터뜨리도다 · *199*

91. 방안 가득 향내가 나니 성스러운 기운이 돈다 · *201*

92. 흥부가 박을 타는 형상 · *203*

93. 한 사람이 몰래 숨어 칼을 갈고 있다 · *205*

94. 가시밭길을 맨발로 가다가 가죽신을 줍는 형상 · *207*

95. 높은 산을 쉬엄쉬엄 오르는 형상 · *208*

96. 산 정상에 올라 보니 아직도 하늘은 멀리 있구나 · *209*

97. 앉은자리가 불안하니 일어서는 형상이다 · *211*

98. 한겨울에 화롯불을 만나니 반갑도다 · *212*

99. 아흔 아홉 고비를 다 넘고도 마지막 한고비 못 넘은 이무기 그 설움 하늘 닿아 비가 되어 내린다 · *215*

100. 아무리 채워도 채워지지 않는 것이 인간의 욕심이다 · *217*

101. 눈을 뜨고 세상을 보라 왜 아직도 잠들어 있느냐 · *219*

102. 문 앞에 누가 서있다고 해서 들어올 이가 못 들어오고 나갈 이가 못나가리 · *221*

103. 추수할 시기를 놓치면 절로 땅에 떨어져 거름이 될 뿐 · *223*

104. 부적으로 액운을 막으라 · *225*

105. 광에는 곡식이 쌓이고 마음엔 허기가 차도다 · *226*

106. 어디에 있느냐 · *228*

107. 꿈꾸어라 이루어지리니 · *230*
108. 번뇌를 벗었으니 인생의 참 진리를 깨달으리 · *231*
[실 예] · *233*

이 책을 사용하기 전에

이 세상 어느 누구도 정해진 각본에 의해 살아가는 것은 아니다. 결코 운명의 각본이란 있을 수 없는 것이다. 운명이니 팔자니 하며 절망하는 것은 소극적인 운명론자들의 지론일 뿐, 그 어느 누구의 인생도 짜여진 각본에 의해 진행된다는 것은 아니다.

인생은 스스로의 의지와 선택에 의해 만들어져 가는 것이다. 그러므로 자신이 인생을 엮어 가는 것이지 신이 한 사람의 운명을 정해 놓고 그 길로만 가게 하는 것은 아닌 것이다.

이런 나의 주장이 많은 역술인들의 반발을 살 수 있다는 것도 알고 있지만 나 역시 역술인의 한 사람으로 자신있게 운명은 정해져 있는 것이 아니라는 주장을 당당하게 하는 바이다.

만일 운명이 정해져 있는 것이라면 우린 구태여 열심히 살려고 노력하지 않아도 된다. 또한 굳이 신이라는 존재를 믿을 필요도 종교가 있을 필요도 없고 도덕이나 규범이 필요치 않을 것이다

가령 누군가의 운명이 줄곧 1등만 하게 정해져 있다면 열심히 공부하지 않아도 어차피 1등을 할 것이니 무엇 하러 열심히 공부할 것이며, 또 누군가의 운명이 몇 시간 후에 죽을 목숨이라면,

혹은 잠시 후 교통사고가 나서 불구가 될 것으로 정해져 있다면 지금 눈앞에 있는 횡단보도나 교차로에서 신호를 기다릴 필요도 없지

않겠는가.

마치 택시 미터기처럼 분당 얼마씩 올라가고 한 편의 영화처럼 이미 결론은 만들어져 열심히 노력하지 않아도 인생의 결과에 의해 도달하게 정해져 있다면 과연 누가 노력하며 살려고 하겠는가. 그렇게 운명이 신에 의해 모든 것이 이미 정해져 있다면 인류는 결단코 발전하지 못했을 것이다.

한 번이라도 점을 보거나 철학관에서 사주를 감정 받아본 일이 있는 사람들은 자신에 대해 알아맞히는 역술인에 대해 신비로움을 느끼거나 운명이 이미 정해져 있다고 믿게 되는지도 모른다. 하지만 그들은 정해진 운명을 이야기하는 것이 아니라 고객이 걷고 있는 길을 이야기해 주는 것이다.

누구든 처음 시작은 "당신의 삶은 이렇군요."로 시작한다. 그것이 고객에게는 족집게처럼 보일지도 모르지만 사실은 추측에 불과한 것이다. 신점은 신의 계시를 받아 과거를 말하게 되고 미래를 예측하며 사주는 학문적 통계에 의해 삶에 근접하게 되는 것이다.

가령 당신이 어떤 사람에 대해 잘 알고 있다고 가정하자. 예를 들어 어릴 때부터 잘 알던 친구가 있는데 아주 내성적이고 남들 앞에 나서서 제대로 말도 하지 못하는 성격이며, 의지가 약하고 항상 남에게 기대는 성격이 있는데다가 특별한 취미도 없고 특기도 없으며, 사회생활 경험도 전혀 없는데 갑자기 찾아와 장사를 하고 싶다면서 무슨 장사가 좋겠느냐고 묻는다면 당신은 뭐라고 대답하겠는가?

내성적인 사람이니 사람을 많이 상대해야 하고 대화를 필요로 하는 것은 일단 안되겠고 특별한 취미나 특기가 없으니 특정분야의 장사도 안되며 보편적인 것을 해야 한다. 그럴 때 당신은 그 친구에게 어떤 장사를 권유하겠는가?

나라면 자그마한 슈퍼를 경영해 보라고 이야기한다. 전문적인 지식이 필요하지도 않고 많은 대화도 필요치 않다. 그 친구에게 가장 적합한 장사가 될 것이다.

옛말에 적을 알고 나를 알면 백전백승이라 했는데 삶도 과거를 알고 현재를 보면 미래가 보이기 마련인 것이다. 과거는 현재를 지배하고 현재는 미래를 만드는 기둥이 되는 것이다.

운명은 자신이 만들어 가는 것이다. 지금 이 순간도 단지 순간일 뿐이 아니라 바로 미래를 만드는 주춧돌인 것이다. 당신이 현재 잠을 자고 있건 술을 마시고 있건 혹은 일을 하거나 길을 걷고 있건 이 순간 하고 있는 그 행동이 당신의 미래인 것이다.

잠을 자고 있다면 깨어나라!
술을 마신다면 잔을 놓고 일어서라!
길을 걷고 있다면 힘차게 걸을 것이며,
일을 하고 있다면 더 열심히 하라.
바로 지금 이 순간이 당신의 운명이다.

사용법

●이 책과 함께 들어 있는 111개의 궤에는 108가지의 궤가 적혀있고, 세 개는 아무 것도 표시하지 않은 백지 상태로 있다.

●이 괘를 사용하기 전 최소한 칠일에서 삼칠일 천존기도를 올린다. 그것은 천문비결을 사용하기 위해 하늘의 허가를 받는 의식이니 꼭 치러야 한다.

●천문비결을 이용해 감정을 할 때는 몸과 마음을 정갈히 하여 분향재배를 한 연후에 111개의 궤를 작 섞어 내객에게 내밀어 경건한 마음가짐으로 오른손으로 뽑게 한다. 첫 감정일 때는 세 장까지 뽑게 하고 신도일 경우는 한 장만 뽑게 해 해석한다.

●첫 감정에서 뽑은 세 장의 궤는 그 사람의 평생 운이 되는 것이므로 꼭 기록해 두었다가 다음 상담에 활용함이 바람직하다.

●처음 찾아온 내객으로 첫 궤가 백지가 나오면 그 어떤 운도 논하지 말고 받은 복채는 반드시 돌려주어 보내야 한다. 이는 인연이 닿지 않는 사람이거나 날을 잘못 찾아와 천기 누설할 우려가 있으니 결코 그 내객의 점사를 봐 주어서는 안된다. 이를 어기게 되면 제자와 내객 모두가 화를 면하기 어려우니 꼭 지켜야 한다.

●두 번째나 세 번째에서 백지가 나오면 더 이상 궤를 뽑지 않고 해석한다. 더 이상 궤를 뽑는 것 역시 천기 누설에 해당하는 것이니 이 역시 염두에 두고 꼭 지켜야 할 것이다.

●내객이 다른 이의 운을 물어 첫 장에 백지가 나오면 아무 것도 가진 것이 없는 자이니 죽지 않았으면 죽음을 기다리거나 백지상태라고 해석하면 된다.

●제자 자신의 정신이 맑지 못한 날은 점사를 보아선 안되며, 항상 마음을

열어 사람을 대하지 않으면 올바른 해답이 나오지 않으니 항시 마음을 정갈히 하여야 한다.

●늘 말하는 것에 거침이 없어야 하고 고개 숙여 말하지 말고 상대의 얼굴을 똑바로 쳐다보고 말해야 한다.

●어떠한 경우에도 장난 삼아 궤를 뽑거나 한가지 물음에 두 번 궤를 뽑지 말아야 한다.

이상의 사용법을 잘 준수한다면 그 어떤 상담도 무리가 따르지 않을 것이다.

戊寅年 正月 신전 앞에서
무속인 방울 김 정 여

天文秘訣

原文

1.
새벽녘 닭이 목을 뽑고 홰를 치며 우나니
비로소 세상이 열리도다

　새벽이란 희망, 새로운 전진을 의미한다. 닭은 선구자를 의미하며 목을 뽑고 홰를 치며 운다는 것은 행동을 위한 준비단계를 의미하고 세상이 열린다는 것은 운이 열린다는 뜻으로, 대체로 길한 운세를 의미하는 괘상(卦象)이다.

　세상이 아직 어두워 절망적이라 하지만 곧 아침이 열려 모든 것이 움직이기 시작할 것이니 희망적이고 발전의 가능성도 있다고 본다. 병에 시달리는 사람은 쾌유할 것이요, 갇혀 있는 사람은 풀려나는 운이다.

　남자가 이 괘를 뽑으면 운수 대통의 괘로 점차 자신의 뜻을 이루게 되는 운을 암시한다. 반면 여자가 이 괘를 뽑으면 더 센 팔자로 자신이 가계를 꾸릴 형편으로 해석한다. 밤에 이 괘를 뽑았다면 어둡고 암울한 시기이며 희망은 멀리 있고 액은 눈앞에 있으니 고력이 많다.

　이 괘를 뽑은 이의 성정은 대체로 진취적이며 무슨 일이든 일단 시작해 놓고 보는 식이요, 미리 결론을 내리기보다는 부딪히며 생각하는 스타일이다. 단점은 의욕만 앞서 실패하는 경우가 있고 자칫 성급한 면이 있어 일을 그르치는 경우도 있으니 항시 다시 한번 생각하고 사전 계획을 세운 후 행동에 임하는 것이 개운(開運)법이다.

환자가 이 괘를 뽑았을 경우 낮이라면 쾌유가 빠르나 밤이면 시간이 걸리고 오랜 지병일 경우에는 회생의 가망이 없다고 본다. 관재나 소송에 관한 문제는 낮에는 유리하나 밤에는 불리하다. 사업이나 금전적 문제인 경우 낮에는 사업상의 새로운 계약이 체결되거나 주문량이 많아지고 부도의 위기라도 모면해 갈 수 있으나, 밤에는 모든 것이 뜻대로 이루어지지 않는다.

이 괘를 뽑은 사람의 평생 운을 논하자면 일평생 크게 어려움을 겪지 않는다 하겠다. 초년에는 다소 불운하고 희망적이지 못하다해도 시간이 흐를수록 점점 발전하는 형상이니 중년부터 크게 발전하는 운이다.

단점은 초년 이후에는 자신의 포부만큼이나 자신감이 넘치기 때문에 자칫 자기가 쳐놓은 그물에 자신이 걸려드는 형상을 이룰 수 있으니 주의해야 하며, 밤에 이 괘를 뽑은 이는 항상 시작은 있으되 끝이 없거나 어떤 일에 주저하여 기회를 놓치거나 해서 일생 노고가 많으리라.

여자의 경우도 마찬가지이나 가정적으로 대장부의 역할을 해야 하니 여인으로는 불행한 삶이다. 그러나 사회적 측면에서는 지위나 명예를 얻어 성공할 수 있다.

2.

모든 것이 새로우니
처음부터 다시 시작하는 운이로다

인생이란 가끔 방향을 전환하여 새로운 행로를 선택해 가야할 때가 있기 마련이다. 그러나 방향전환이란 누구에게든 대단히 힘든 결정이 아닐 수 없다. 우리의 인생이 순조로워 한 번 선택한 길이 잘 풀린다면 새로운 행로를 선택해야 하는 어려움을 겪지 않아도 되겠으나 운명이란 누구에게나 순조로운 것이 아니기에 적당한 때에 새로운 선택을 얼마나 잘 하느냐가 성공의 열쇠가 되기도 하는 것이다.

이 괘는 새로운 각오, 새로운 계획과 선택을 암시하고 이동이나 변화를 암시하니 지금까지의 길을 버리고 새로운 곳으로의 방향전환을 해야 할 때임을 이야기한다.

낮에 이 괘를 뽑으면 이동이나 변화가 길(吉)하다고 보며, 밤에 이 괘를 뽑으면 이동이나 변화가 불길하다고 본다. 그러므로 낮에 이 괘를 뽑은 사람은 과감하게 새로운 도전에 임해도 좋으나 저녁이나 밤에 이 괘를 뽑은 사람은 현재의 상황이 아무리 어렵더라도 새로운 일을 시도하지 않는 것이 바람직하다. 만약 밤에 이 괘를 뽑은 이가 새로운 일을 도모한다면 현재보다 더 나쁜 상황으로 빠져들게 된다.

대체로 이 괘를 뽑은 이들은 항상 새로운 것을 좋아하고 모든 일에 앞서가기를 좋아하며 활달한 성격의 소유자로 유행에도 민감한 사람이 많고 싫증을 빨리 느끼는 사람이 많다.

직업적인 면은 새로운 것을 창조하는 직업이나 창작을 위주로 하는 디자이너, 작가 등의 예술적인 것이나 유행을 창출하는 의류계통, 미용계 등 유행에 민감한 사업이나 상업 등이 길하고, 광고업도 좋다.

이 괘를 뽑은 이는 남녀 모두 바람둥이 기질이 강하고 한 곳에 정착하기보다는 자유분방한 생활을 동경하게 되니 어려서부터 호기심이 강하여 모든 일에 싫증을 빨리 내는 성향이 짙다. 반면 편파적인 성향도 강하여 좋아하는 일이나 사람에 대해서는 앞뒤를 생각지 않고 덤벼들기도 한다.

대부분 남녀를 불문하고 가정생활은 불운하게 돼 부부관계가 좋으면 자식 운이 늦어지는 경우가 많고 소속감에 대한 거부감이 많은 편이라 단체에 소속되기를 꺼려하니, 전문직종이 아닌 일반 회사원으로 직장생활을 하기는 힘든 사람이다. 그러나 전문적인 지식을 갖고 자기 일을 하는 전문직 종사자의 경우는 일에 대해서만큼은 인정받는 매니아가 된다.

많은 사람 속에 고개 숙이니
경쟁에서 패배하리라

현대를 살아가는 모든 사람들은 끊임없이 경쟁하며 살아간다. 학교에 다닐 때부터 시작해 사회에 나와서도 모든 일이 다 남들과의 경쟁에 의해 이루어지게 되니 이 세상 누구라도 경쟁하지 않고 사는 이는 없는 것이다.

이 괘는 그런 경쟁에서 지는 것을 암시하고 있다. 일반적으로 생각할 때 고개 숙인다는 것은 자신감이 결여된 상태를 말한다. 그러므로 이 괘를 뽑은 이의 실패 원인 중 가장 직접적이고 커다란 것은 자신감을 잃었기 때문이란 것이다. 즉, 이 괘를 뽑은 이의 개운법은 바로 자신감을 키우는 것이다. 어떤 경우에도 자신감을 가지고 대처한다면 아무리 어렵고 힘든 일이라도 이겨낼 수 있을 것이다.

이 괘를 뽑은 이의 운세는 걱정, 근심, 우환, 질고가 기다리고 있다는 것을 의미한다. 사업자는 부도의 위기에 놓이게 되고 병자는 병환이 악화되며 모든 일에 희망이 적고 절망적이라고 본다.
애정에 관한 문제는 이별, 파혼, 이혼 등이 발생하는 운이니 기혼자는 배우자의 변심이나 외도로 인한 가정파탄의 우려가 있다고 보며, 혼인에 관련된 문제는 재혼인 경우는 나쁜 의미가 약하지만 초혼의 경우는 나쁘고, 여자가 이 괘를 뽑는 경우는 남의 첩이 되거나 재취로 가는 경우가 많다. 소송에 관한 문제는 무조건 패소한다.

이 괘를 뽑은 사람은 대체로 남 앞에 나서기 싫어하고 소극적인 성격이며, 양지보다 음지에서 생활하는 경우가 많고 모든 일에 쉽게 포기하고 좌절한다. 이런 자신의 단점을 잘 이해하고 개선한다면 분명 개운될 것이다. 이 괘를 뽑은 이는 언제 어디서 무슨 일을 하든 스스로 이겨낼 힘이 없는 사람이고, 어려서는 형제들이나 학우들 사이에서 열등감을 느끼게 되고 사회에 나와서는 직장동료들에게서 위기 의식을 느끼게 되며 가정적으로는 배우자와 자식에게 주눅들어 사는 경우가 많다.

이 괘를 뽑는 이는 스스로 피해의식을 가지기 쉽고 자신의 능력이나 재능을 제대로 발휘하지 못한다. 대체로 직장이나 조직체에서 일하는 것이 좋고 개인사업이나 장사는 성공하기 힘든 운이다. 가장 큰 단점은 스스로 무능력한 인간이라 치부하기 때문에 기회가 와도 잡지 못한다는 것이다.

웃는 얼굴을 조심하라
그 속에 악이 숨 쉬도다

이 괘에서 이야기하는 웃는 얼굴이란 현재의 좋은 운과 간사한 사람을 의미한다. 인생은 항상 희비가 엇갈리기 마련이며, 지금 좋은 운이라 해도 그것이 영원히 지속되지 않는 법이다. 또한 세상에는 갖가지 부류의 사람이 있으며 개중에는 그 성품이 선하지 못하고 간사하여 남에게 피해를 주는 사람이 적잖다. 이 괘는 그런 것에 대해 스스로 경계할 것을 충고한다.

이 괘의 운세는 앞으로 다가오는 일이 불길지상(不吉之像)이니 현재의 상황을 재정비해야 할 시기이다. 겉으로 보기에 모든 것이 잘 돌아가는 듯해도 실상은 그렇지 못하고, 모종의 음모가 있거나 돌발사고가 생길 위험을 배제할 수 없다. 또한 이 시기에는 주로 사람으로 인한 피해가 속출하니 믿을 수 있는 사람과 그렇지 않은 사람을 잘 구분해야 한다.

애정문제는 남녀 모두가 상대에게 진실하지 못한 관계이다. 금전적인 면은 내실이 허술하니 현금이 부족한 상황이다. 수입과 지출이 불균형을 이루는 시기이니 부채가 늘어나게 되고 현금 융통이 어렵게 된다. 사업적인 면은 인사관계의 문제점이 발생되거나 동업자의 배신이나 관계 악화로 인해 믿던 도끼에 발등 찍히는 일이 생기게 되거나 부도의 위기에 몰리게 된다.

이 괘를 뽑은 사람은 대인관계가 불안정한 사람이다. 한 번 좋으면 끝까지 좋고 한 번 싫으면 끝까지 싫어해 사람 사귀기가 쉽지 않고, 항상 가까운 이에게 배신당하는 경우가 허다하니 참으로 인복이 없는 사람이라 하겠다.

이 괘는 특히 밤에 뽑았을 경우는 유의해야 한다. 밤은 낮과 달리 사물이 본래의 빛으로 보이지 않기 때문에 사람을 대하는 것에도 문제가 발생할 수 있다. 특히 술자리에서의 대화는 신뢰할 수 없으니 이 괘를 뽑은 이가 중요한 상담이나 결정할 대인관계에서 문제가 발생한다면 되도록 낮에 만나 해결하는 것이 바람직하다.

또한 이 괘를 뽑은 이는 대중을 상대로 하는 직업은 바람직하지 못하다. 사람에게 잘 속는 운을 가지고 있으므로 되도록 대중을 상대로 하는 업종은 피하는 것이 좋다.

금전관계 역시 남에게 돈을 빌려주면 돌려 받기 힘든 운이니 아무리 친분이 두터워도 금전거래는 피하는 것이 옳다. 가족간에도 서로간에 신뢰와 믿음에 금이 가기 쉬운 때이다. 대부분 부부지간에 불화가 심화되고 믿음이 깨어지는 시기라 할 수 있다.

5.
배고픈 영혼이 숨죽여 흐느낀다

물질의 풍요로움은 생활을 편안하게 해준다. 그러나 정신의 풍요로움은 삶 자체를 윤택하게 해준다. 현대를 살아가는 우리는 물질의 풍요로움에 빠져 정신의 풍요로움은 잊고 사는 경우가 많다.

이 괘에서 지적하는 바는 바로 정신세계의 풍요로움이다. 배고픈 영혼이란 정신적 빈곤의 상태를 의미한다. 그러므로 이 괘를 뽑은 사람은 무엇보다 자신의 영혼을 배부르게 해야한다. 정신적으로 빈곤한 사람은 일이 잘 풀릴 리가 없고 좋은 운을 갖기 힘든 건 당연하다. 좋은 음악을 듣고 좋은 책을 읽고 무엇보다 명상을 통해 자신을 사랑하고 뉘우치며 개운해 나가야 할 것이다. 혼자서 힘들다면 전문가와의 상담을 통해서라도 자신의 정신을 치유하기 위해 노력해야 한다.

이 괘상의 운세는 불길하다. 현재 닥친 위기 상황은 쉽게 해결되지 않는다. 모든 것이 부족하고 불안한 상황이니 병자는 사망하기 쉽고 부도의 위기에 몰린 자는 손쓸 방도가 없다. 이 괘는 조상의 배고픔과 망자가 허공중천을 떠돌고 있음을 암시하니 조상을 위해 제를 올리며 위기를 모면해갈 수 있다.

애정관계의 문제는 서로에게 만족하지 못하니 이별의 운이라 본다. 금전적인 면은 나갈 곳은 먼저 정해져 있고 들어올 것은 막연하다.

이 괘를 뽑은 사람은 항상 정에 굶주려 있어 누군가 애정을 주어도 받아들이지 못하고 정을 베푸는 방법을 제대로 알지 못한다. 늘 무엇인가 부족한 것 같고 허전해하며 폭식, 폭주를 일삼는 경우가 많다. 위병을 앓는 경우도 많으며 우울증이나 자폐증의 정신질환과 신경쇠약이나 불면증에 시달리는 경우도 있으니 침울한 자신의 분위기 개선에 힘쓰고 심한 경우는 전문가와 상담해 치유함이 바람직하다.

이 괘는 조상 중 무자고혼(無子孤魂)을 찾아 잘 공양하면 위기를 모면해 갈 수도 있다. 간혹 세상을 뜬 사람의 사주를 넣는 경우에 나오는 괘상이기도 하다.

낮에 이 괘를 뽑은 경우는 그 흉함이 적다. 하지만 밤에 이 괘를 뽑은 경우는 그 흉함이 크다. 이는 죽은 영혼이 낮보다 밤에 활동이 왕성하기 때문이며, 특히 추운 겨울에는 그 흉함이 더욱 가중된다.

이 괘를 뽑은 시기에는 가족간에 애정이 약화되는 시기이고 대부분 이 괘를 뽑은 사람은 가족간의 대화가 없는 집안이 많다. 남편 따로 아내 따로 자식 따로 겉도는 일만하며 서로에 대한 애정표현에도 문제가 발생하여 괜한 오해를 불러오기도 한다. 이 괘를 뽑은 시기에는 되도록 서로간에 많은 대화를 나누는 것이 가족간의 애정을 돈독히 하고 서로를 이해하는 데 도움이 된다. 이 가정의 문제는 서로간의 대화단절에서 시작된다는 것을 명심하기 바란다.

6.
첩첩산중에 홀로 앉았으니
밤과 낮이 모두 무섭구나

가끔 우리는 왠지 세상과 단절된 듯한 느낌을 받기도 한다. 급속도로 변화하는 세상에 흡수되지 못하고 겉도는 듯한 느낌으로 하루하루를 보내며, 마치 세상이 자신을 외면하고 밀어내는 듯한 느낌을 한 번도 느끼지 않았다면 거짓이라 해도 과언이 아닐 터. 이 괘는 그런 상황을 암시하니 첩첩산중이란 세상, 사회와의 단절, 사회활동의 중단, 실업, 구속, 병으로 인한 육신의 부자유 등을 암시한다. 하지만 이런 운이라 해서 주저앉을 수만은 없다. 모든 것에는 맞수라는 것이 있다. 선과 악이 대응하고 물과 불이 대응하듯 두려움은 용기로 대응해야 한다. 그러므로 이 괘를 뽑은 사람은 무엇보다 용기를 가지고 세상에 맞서야 할 것이다.

대체로 희망이 없고 절망적인 상황이라고 판단되는 운세이니 진퇴양난의 형국이요, 무덤 속에 들어가는 운이라 하니 병자는 죽음을 기다리는 처지요, 사업자는 회생의 가능성이 보이지 않고 금전도 융통이 어려워지니 용기를 가지고 대처하지 않으면 모든 것이 사라지는 운이다. 애정문제는 구속하거나 구속당하는 애정관계이니 아름답지 못한 관계이다.

이 괘를 뽑은 사람은 겁이 많으며 의기소침하여 무엇이건 시작도하기 전에 겁부터 내게 되니 시작도 못해보고 포기하는 경우가 많다.

좀 대범해져야 할 필요가 있고 주위에 사람도 별로 없으니 대인관계를 넓혀두는 것도 현명한 처사일 것이다.

용기를 잃기 쉽고 모든 일에 겁부터 내는 성격을 가진 이가 많고 무엇이건 시작도 해보지 않고 포기하는 등 인생을 개척해 나가려는 의지가 약한 사람으로, 시키는 일은 억지로라도 해내지만 스스로 목표를 정하고 돌진하는 추진력이 약하므로 자기사업이나 영업방면의 일에서는 전혀 진전이 없다. 특히 남자의 경우에는 흉함이 더한 경우이다.

가족간에도 서로 속박하고 구속하는 경우로 인해 불화가 생기게 되고 자칫하면 가정파탄을 도래할 수도 있으니 유의해야 한다. 부모의 구속을 이겨내지 못하고 자식이 가출하는 경우도 생기게 된다. 환자의 경우에는 삶의 의욕을 잃어 치료에 노력을 게을리 하게 되고 단순한 질병에도 겁을 먹고 세상이 다 끝난 것처럼 생각하는 경우도 있다.

물론 이 괘의 경우 병을 얻게 되면 당분간 행동제약을 많이 받게 되므로 심각한 질환을 앓을 수도 있으나 스스로 의지를 가지면 충분히 극복할 수 있다. 모든 문제는 자신이 용기를 잃고 의기소침해진 데서 발생하게 되니 이 괘를 뽑은 이는 모든 일에 용기를 가지고 대범하게 생각하고 행동해야 됨을 유념하기 바란다.

7.
해 저무는 길가에서
나그네가 먼 산을 바라보며 한숨짓는다

해가 저문다는 것은 양의 기운이 다한다는 의미다. 양은 남성적이고 활발함을 의미하는데, 그 기운이 쇠퇴한다는 것이다. 길이란 당연히 운명을 지칭하고, 먼 산은 이루지 못한 소망과 희망, 한숨이란 포기에 대한 미련을 의미한다.

우주는 음양의 조화로 이루어져 있으니 양의 기운이 쇠퇴한다는 것은 음의 기운이 차오른다는 것이다. 즉 활동을 왕성하게 하는 시기가 아니며 마음을 다지는 시기임을 의미한다.

누구에게나 휴식의 시간은 필요한 법이다. 그러니 이 괘를 뽑은 사람은 이루지 못한 일에 대한 미련 때문에 괴로워하기보다는 또 다른 일을 위해 휴식을 취하며 재충전함이 바람직하다.

분주하게 움직이는 일로 일생을 살아야 하나 하는 일마다 잘 되는 듯하다가 멈추어지는 형상이니 이는 조상 중 객사고혼(客死孤魂)이 있어서이니 이를 잘 천도하면 길하리라. 특히 이 괘는 밤에 뽑으면 거지팔자와도 같다.

역마살이 있어 가만히 앉아 하는 일은 못할 사람이다. 직장생활에서도 영업직이나 세일즈를 하는 경우도 있고 운수, 운송업의 종사자가 많다. 혹은 포장마차나 노점상 등도 많은데 그런 일은 자신에게 잘 맞는 업종으로, 길하다.

남자의 경우 이 괘를 뽑으면 가정에 대한 책임과 의무를 다하지 못하는 경우가 많다. 애정적인 면에서도 이 여자 저 여자를 넘보는 형상이라 마음을 한 곳에 두지 못하고 문란한 이성관계를 갖게 되며, 결혼 이후에도 자신의 바람기 때문에 가족에게 상처를 주는 경우가 많다.

여자의 경우에는 어느 날 갑자기 남편이 미워지기도 하고 혼전에 아이를 갖는 경우도 발생하므로 스스로 책임지지 못할 일을 삼가는 것이 좋다. 여자가 밤에 이 괘를 뽑으면 혼전에 문란한 이성관계를 맺게 되고 결혼이후에도 남편이 아닌 다른 사람과 관계를 가지며 심한 경우에는 남편과 자식을 내팽개치게 되므로 스스로 많은 절제를 해야 한다.

남녀를 불문하고 성이 다르거나 배다른 자식을 두게 되는 경우가 많고 노후에 홀로 쓸쓸히 보내며 젊은 시절을 후회하게 되는 경우가 많으니 스스로 절제하는 생활을 해 나가야 한다.

금전적인 면은 대부분이 돈을 쓰는 요령이 없어 있으면 뒤를 생각지 않고 무조건 써 버리고, 생활에 계획이 없어 돈을 어디에 쓰는지도 모르고 사는 경우가 많다. 그러므로 이 괘를 뽑는 사람은 꼼꼼하게 계획하여 지출하는 습관을 가져야 한다.

촛불을 밝혀 놓고 바라보는 형상

신은 인간을 사랑한다. 대개 사람들이 정말로 신이 있다면 왜 나를 이렇게 힘들게 하는 걸까, 라는 의문을 던진다. 그러나 신이 존재함은 두말할 필요가 없고 신이 인간을 사랑하는 것 또한 틀림없는 사실이다. 신이 인간에게 시련을 주는 것은 여러 가지 이유가 있다. 흔히 선하고 착한 사람들이 못살고 이기적이고 간사하고 악한 사람들이 더 잘 산다고들 한다. 잘 산다는 의미는 물질의 풍요로움을 이야기하는 것이겠지만 물질의 풍요로움이 언제까지 지속될 수 있을까. 선하고 착한 사람들이 가난할 지는 모르지만 그것이 불행한 것은 아니며 이기적이고 간사한 사람들이 부자일지라도 결코 행복하지만은 않을 것이다. 신이 인간에게 시련을 주는 것은 어쩌면 인간들의 영혼을 성숙시키기 위함일지 모른다.

이 괘상은 무엇인가 간절히 원하고 소망하는 바가 있을 때 잘 나타나는 괘로써, 이 괘를 뽑은 사람은 지금 종교적인 힘을 빌어 신의 도움을 받아야 한다. 모든 것이 하늘에 달려 있으니 신께 매달려 기도하면 막혀 있던 운이 열릴 것이다.

이 괘상은 주로 밤에 하는 사업이 길하다. 낮에 이 괘를 뽑은 사람은 자신의 마음을 다른 사람에게 표현하지 못해 가슴앓이를 하는 경우가 많다. 즉 내성적인 성격의 소유자가 많다. 그러한 자신의 성격으로 불이익을 당해도 그냥 넘어가는 경우가 많아 적잖은 손해를 보고 가슴앓이를 하는 경우가 많으니, 부당한 것에 대해서는 부당하다고 말할 수 있는 용기를 가져야 한다.

밤에 이 괘를 뽑은 경우에는 종교를 가지는 것이 좋다. 이 사람은 다른 사람들에 비해 자신이 염원하는 것을 잘 이루어 내는데 그것은 신과의 교류가 다른 사람과 비해 잘되기 때문이다. 그러므로 이런 사람이 종교를 가지고 기도를 한다면 자신의 소원사가 빨리 이루어지게 된다. 초를 켜고 기도하는 종교를 갖는 것이 더욱 좋다.

이 시기에는 금전이나 사업도 수월하게 돌아가게 되고 힘든 상황에서도 뜻하지 않은 도움을 받아 위기를 모면해 나가게 된다. 애정 문제나 가족간에도 어려움에 부딪치기는 하나 좋은 해결 방안이 생기게 되고 대인관계나 사회생활을 함에 있어서도 커다란 어려움이 발생하지는 않는다.

이 괘는 주로 밤에 하는 일이 좋고, 종교인이나 신앙인에게서 자주 나오는 괘상이다.

9.
산을 보고 절을 한다

산이라 함은 성품의 우직함을 이야기하니 이 괘를 뽑은 이의 성격 또한 그러하리라. 산은 오행을 다 갖추고 있는 오행의 집결체이고 그만큼 기의 흐름이 원활하게 소통되는 곳이다. 그래서 예로부터 산 기도와 산 치성을 행하여 자신의 소원을 이루고자 하는 이들이 많았고 현대에서도 산을 손댈 때는 반드시 산제를 먼저 올린다. 어쩌면 이것은 자연에 대한 인간의 겸허한 마음을 표현하고자 하는 것인지 모른다. 어찌됐건 이 괘상은 산신에게 염원하여 소원을 성취한다는 의미를 가지고 있다.

집안에 산탈, 묘탈이 생긴다. 혹은 조상의 묘를 손대야 하는 일이나 묘를 새로 쓸 일이 발생하게 됨을 암시하니, 산에 잘못 손을 대어 산신의 노여움을 받을 운이니 산신에게 공양하면 덕이 있을 것이다.

산이란 거짓이 없고 정직함과 고집을 의미하니, 이 괘를 뽑은 이는 자신의 정직과 고집으로 인하여 다소 손해를 보는 일도 있다. 이 괘는 등산을 자주 함으로 인해 개운되는 경우도 있다. 이 괘를 뽑은 이가 산신에 제를 올리면 소원을 성취한다.

남자의 경우는 우직한 성품으로 젊어서는 사소한 손해를 보기도 하지만 나이가 들어서는 사회적인 위치를 갖게 되거나 많은 재산을 모으기도 한다. 여자의 경우에도 남자 못지 않은 뚝심으로 억척같이 사는 사람이니 남자가 해내지 못하는 어려운 일을 해내는 경우도 있다.

단점은 남녀를 불문하고 고지식한 경우가 많은데 젊은 사람도 나이든 노인네처럼 고지식한 성품 때문에 주변사람들이 괴로워하기도 하며, 특히 자신의 고지식함으로 인해 젊은 세대를 이해하지 못해 부모자식간의 벽이 생기는 경우도 있으니 유의해야 한다.

사업이나 금전은 큰 덩어리가 왔다갔다하니 이익을 보면 크게 보나 손해 또한 크다. 이 시기에는 부동산에 관한 문제가 발생하기 쉬우니 부동산을 사고 팔 때 신중히 행동해야 한다.

10.
바다를 보고 절한다

바다는 물을 대표한다. 물이란 생명의 근원이다. 그러므로 바다는 생명의 근원을 의미하고, 바다를 보고 절을 한다는 의미는 생명의 근원인 물을 섬긴다는 의미이다. 바다는 거침과 온화함을 지니고 있으며 그 속에는 갖가지 생명체들이 존재하는 소우주를 형성하고 있다. 겉으로 보는 것과 전혀 다른 면을 지니고 있으니 '열길 물 속은 안다'는 옛말이 틀려 보이기도 한다. 인간에게 휴식과 명상의 공간을 제공해 주기도 하지만 엄청난 재앙을 가져다주는 것 또한 사실이다. 이 괘를 뽑은 사람은 용신에 염원하여 소망을 성취한다는 암시가 있다.

바다는 겉보기에는 거칠고 급하나, 내심은 온화하고 넓으며 많은 것을 품고 있다. 이 괘를 뽑은 사람 역시 그런 바다의 성격을 닮았으니 다소 급하고 거친 면이 있기는 하지만 내심은 온화하고 따뜻하며 뒤끝이 없는 사람이다.

이 괘는 용궁줄이 강하다 하여 용신에 제를 올리며 길하고 혹, 수살귀(水殺鬼)가 있는 집안에서도 잘 나오는 괘상이다. 밤에 이 괘를 뽑는다면 그 의미가 더욱 강하다. 주로 수산업, 선박 등 물과 바다에 관련된 사업이나 업종의 종사자가 많고 그런 일을 하는 이들에게는 길한 운세를 암시하고 있다. 애정문제는 상대가 성격이 급하기는 하지만 온화한 면이 있고 애정이 깊어지는 시기이다. 서로 아끼고 이해하는 마음이 커 이상적인 만남을 이룬다.

  금전 운은 융통이 수월하다. 밤에 이 괘를 뽑으면 애정문제에 서로간에 오해가 발생하기 쉽고 장애가 발생할 우려가 있으니 유의하라. 금전이나 사업관계에 있어서도 밤에 이 괘가 나오면 생각지 않은 일로 장애가 발생해 어려움이 닥친다. 대체로 여름 장마철에 이괘를 뽑으면 장애가 많으나 다른 계절은 나쁜 의미가 적다. 이 괘를 뽑은 사람은 주로 신장, 방광, 자궁 및 생식기 질환에 유의하여야 한다. 또한 다소 급한 성격 때문에 타인의 오해를 불러일으키기 쉬우므로 자신의 성격상 문제를 잘 짚어 보는 것도 나쁜 운을 이겨내는 비결이 된다.

11.
북두칠성의 기운이 그대로 내려서니
칠성공덕으로 살아가라

북두칠성은 수명과 장수를 관장하는 신이다. 그래서 옛 사람들은 장독대에 정한수를 떠놓고 자손들의 명과 복을 위해 칠성에 기도를 했고, 왕가에서도 병이 나거나 하면 왕실의 여인네들이 목욕재계를 하고 하늘을 바라보며 기도를 했다. 자손을 위하는 마음, 혹은 자신의 가족을 위한 마음이야 왕실이 따로 없고 반상이 따로 없으며 의술과 약이 귀했던 시절에 매달릴 곳이란 신이란 존재뿐 별다른 방도가 없었으리라.

이 괘를 뽑은 이는 예로부터 선대에서 칠성에 공들이던 집안이며 공줄로 공줄로 이어져 내린 가문의 자손임이 틀림없다. 이 괘는 자손의 일로 근심하고 걱정해야 할 일이 발생하거나 수명장수와 관련된 일이 발생한다고 보고, 땅 문제 혹은 토목 건축과 관련된 문제 등이 발생하게 된다.

이 괘를 뽑은 사람이 현재 어려운 상황에 놓여 있다면 칠성님 전에 공양을 올리면 위기를 모면하고 소망하는 바를 이룰 수 있을 것이다.

이 괘를 뽑은 사람은 자존심이 강하여 남에게 굽힘을 싫어하고 자신의 어려운 처지를 남의 도움으로 면해가기를 싫어하며 반면, 남의 일에는 발벗고 나서니 고고한 선비의 성품과도 흡사하다.

사업이나 직업적인 면은 사람의 생명을 구조하는 일을 하는 사람이 많다. 의사, 간호사, 약사, 구조대원 등이 좋고, 교육업 등도 길하며 이 괘를 뽑은 사람이 절대 해서는 안 되는 일이 있으니 그것은 살생을 위주로 하는 식육, 양계 등 생명의 목숨을 사고 파는 등의 일은 반드시 화를 입게 된다.

이 괘는 특히 여자가 뽑았을 경우에는 잔 고생이 많아 어려움이 따른다. 그러므로 여자의 경우는 공덕을 많이 쌓고 살아야 어려움을 면해간다. 그렇지 않은 경우에는 일평생 자손에 대한 걱정이 많고 가정사에도 굴곡이 많다.

이 괘를 뽑은 사람은 남녀노소를 불문하고 칠성님 전에 기도를 많이 하는 것이 좋다. 또한 인생에 있어 힘든 고비를 만나거나 어려움에 부딪치는 경우에도 칠성님 전에 기도를 하면 일이 쉽게 풀리기도 한다.

특히 음력 칠월에 이 괘를 뽑았다면 필히 칠성님 전에 기도를 올리는 것이 좋다. 음력 칠월에 이 괘를 뽑은 사람은 선대 조상이 칠성님 전에 기도를 하여 자손들의 명과 복을 빌어왔던 가정이므로 선대 조상의 은공을 생각해 칠성님 전에 기도를 올리면 선대 조상님들도 편안하고 살아있는 자손들도 명과 복을 누리게 될 것이다.

12.
옥황상제 앞에 무릎 꿇었으니 공덕 쌓으며 살아야 한다

이 괘에서 이야기하는 옥황상제는 모든 선신을 대표하는 신으로, 선을 행하며 사는 삶을 의미한다. 남에게 봉사하고 베풀어야 하는 팔자를 타고 난 사람으로, 그런 일을 하는 사람은 길하나 그렇지 않은 사람은 오히려 남에게 당하는 경우가 많다. 또한 장이나 우두머리의 기질이 강하므로 남의 위에 서려는 특성이 강하니 기업체를 경영하는 사람이나 크게는 나라의 대통령도 그러하다.

직업은 종교·의술·의학계통의 일이나 교육계통의 일 등 개인의 이윤보다 사회봉사적 의미의 일을 하는 것이 좋고 정치나 기업을 경영하는 이들도 있으나 격이 떨어지면 서비스업 종사자가 되기도 한다.

남자가 이 괘를 뽑았을 경우는 포부를 크게 가지는 것이 좋다. 무엇을 하건 뜻을 이루어 내기에는 좋은 괘상이니 자신이 바라는 바의 소원사가 다른 이에 비해 빨리 이루어질 수 있다. 그러나 작은 것에 연연해하고 남을 외면하고 무시해서는 아무런 것도 이룰 수 없는 괘상이기도 하다. 무엇을 하건 사랑을 근본으로 행한다면 반드시 좋은 결과가 오게 된다.

여자의 경우에는 현모양처의 상을 지니게 된다. 결혼을 하고 자식을 낳고 나면 현명한 아내, 자상한 어머니가 된다. 그러나 결혼 전에는 고난이 많고 어려움을 많이 겪게 된다.

이 괘는 남녀를 불문하고 8번이나 11번 108번 등의 종교와 관련된 괘와 함께 나오면 사주팔자의 화개살과 같아 종교인이 되거나 무속, 역술인이 되는 경우가 많다. 그렇지 않은 경우에는 좋은 의미가 다 사라져 인생의 모든 역경을 겪게 된다.

이 괘는 낮이나 밤 모두 자신의 일을 쉽게 이루기는 하나 원하는 바가 다른 사람에게 해를 끼치는 경우에는 오히려 자신이 화를 당하게 된다. 또한 어떤 일이건 어려움에 처해 있을 때는 봉사활동을 하거나 어려운 이웃을 도우면 쉽게 개운되어 자신의 일이 순조로워진다.

애정문제나 가정사는 대체로 좋은 편이다. 서로 공경하고 사랑하게 되니 이상적인 만남이나 가정을 이룰 수 있다.

13.
하나하나 불어나는 형상이니 기쁨이 넘치리라

갑작스런 행운이나 큰돈을 기대하기는 어려우나 대체로 안정된 생활과 미래를 암시한다. 그러나 이 괘를 뽑은 이가 무리한 증식이나 확장을 하게 되면 오히려 화를 입게되니 현재 상황 속에 티끌 모아 태산의 형국을 이루어내는 것이 바람직한 처사라 하겠다. 그리하면 모든 것이 순조로이 진행되므로 욕심은 절대 금물이다.

규모가 크지 않은 중소업체나 가내공업 등이 좋고 장사도 가게 터가 크지 않고 아담한 소규모 업이 길하다. 직업은 공무원이나 직장인과 같은 월급생활이 좋으며 은행원도 좋으나 증권회사나 보험회사 종사자는 불길하다고 보며 일반인의 증권, 주식투자 운에도 좋은 괘상이 아니다.

애정문제는 시간이 흐를수록 사랑이 깊어지는 관계이다. 가정적인 면에서도 풍족하지는 않으나 경제적으로 안정을 찾아가는 시기이며, 자식이 커 가는 모습에서도 보람은 느끼게 되는 시기이다. 자녀들의 성적이 오르거나 장성하여 손자를 보는 시기이기 도 하니 식구가 느는 형상이고 화목한 때이다.

이 괘를 뽑은 사람은 일생에 커다란 어려움은 없으나 잔 고생을 많이 하게 된다. 대체로 이 괘를 뽑은 사람들은 크게 대박을 터뜨려 재산을 증식하는 경우는 극히 드물고 아끼고 절약하여 한푼 두푼 모아 재산을 이루어 나가는 경우가 많다. 사업이나 장사를 하더라도 박리다매의 운이므로 대부분 슈퍼나 문구점 등 소비자가 적은 것을 가지고 하는 업종이 좋다.

이 괘를 뽑은 사람은 불개미 같이 열심히 일하고 일한 만큼의 대가를 얻게 되니 잔 고생은 많으나 금전적으로 크게 곤란을 당하는 경우는 적다.

14.
하늘이 열리었으니 바라는 일이 이루어지리라

이 괘는 개운할 수 있는 절호의 찬스를 의미한다. 그야말로 천운이 내렸으니 원하는 바 소원사를 이룰 수 있는 운세이다. 그러나 간절히 원하는 것이 없다면 만사 헛일이니 이 괘를 뽑은 그 순간부터라도 한가지 목표를 설정하여 전진한다면 어떤 좌절과 시련이 찾아와도 승승장구하게 되어 노력한 대가를 반드시 이루리라.

이 괘를 뽑은 사람은 타고난 천운이 있으므로 항상 운이 좋은 편이며 줄을 잘 서는 편이다. 좌절과 시련 앞에서도 가벼이 웃어 넘어갈 여유가 있으니 웬만한 일에는 잘 놀라지 않는 성품으로 남들이 자신을 보고 어렵게 산다고 해도 실제 자신은 그리 어려운 것을 못 느끼는 경우도 있다.

특히 남자에게 좋은 괘이다. 승진이나 유리한 조건의 계약 등이 체결되는 시기이고 대내외적으로 인정받는 시기이다. 여자는 좋은 인연을 만날 운으로 연인이 생기거나 남자의 도움을 받게 된다. 애정문제는 서로 좋은 인연이라고 본다.

가정사에서도 즐거운 일이 생기게 되니 가계 수입이 늘어나는 시기이고 자녀들에게 좋은 일이 있거나 가족간의 사랑이 두터워지는 시기이다.

어려운 일이 생기더라도 뜻하지 않게 쉽게 풀리거나 타인의 도움이 있게 되며 관제나 소송문제에 있어서도 유리한 조건에 놓여 승소하는 운이다.

　사업이나 장사를 하는 사람도 매출의 신장을 보이고 신규사업도 좋은 운로를 만났으니 발전을 이루어 가게 된다. 질병을 앓는 사람도 병세의 호전을 보아 조만간 건강을 되찾게 된다.

15.
조상이 등을 돌리고 앉았으니
하는 일마다 막힘이 많다

이 괘를 뽑은 사람은 시작은 있으되 끝이 없고 중도포기의 운이며 조상들이 돌봐주지 않으므로 소망사를 이루기 힘든 운세이다. 이 시기에는 우발적인 돌발사고와 사건이 발생하기 쉽고 모든 일들이 꼬이게 되는 운이니 경거망동을 삼가고 자중해야 한다.

애정문제에 있어서는 이루어진다 해도 파경을 맞을 운이니 연인간에는 이별이 찾아오는 운이요, 기혼자는 부부지간의 갈등과 불화가 심해지니 때이니 남녀모두 언동을 조심해야 한다.

일이나 직장관계 및 사회생활을 하는 데 있어서도 마땅히 자신을 옹호하고 도와주어야 할 사람들이 등을 돌리거나 배신을 하는 운이다. 가족이나 친척지간에도 마찬가지이니 이는 조상의 음덕을 입지 못하는 관계로 빚어지는 상황이다.

이 괘를 뽑은 이는 조상의 제사에 정성껏 참여하고 묘를 자주 찾아 염원하면 개운할 수 있다. 예로부터 우는 아이 젖 준다는 말이 있으니 조상이 등을 돌리고 앉았을 때는 달래어 자신을 바라보게 함이 마땅하리라.

이 괘를 뽑은 사람은 대체로 인생에 여러 번의 힘든 고비를 겪게 되는데 집안의 우환이 끊이지 않고 일어나 항상 고달픈 삶을 사는 이가 많다.

남자는 하는 일마다 결실을 맺지 못하고 직장을 여기 저기 옮겨다니며 전전긍긍하게 되니 무능한 가장이 되기 쉽다. 대체로 아내의 조력이 꼭 필요한 사람인데 나머지 괘가 좋으면 아내의 조력을 받으나 다른 괘상에서도 나쁜 괘를 뽑게 되면 아내마저 무능하고 생활력이 약한 사람을 만나게 되는 경우가 많다.

여자의 경우는 남편의 덕이 적어 자신이 생계유지에 나서야 하는 경우가 많고 자녀들의 문제로 근심하고 걱정하는 일이 많으며 어디가 아픈지도 모르게 늘 시름시름 앓는 경우가 많아 몸과 마음이 다 고달픈 삶을 살게 되는 경우가 많다. 자칫 인생자체를 자포자기하여 자기를 학대하거나 배우자나 자녀들에게 폭력을 행사하거나 그런 배우자를 만나기도 한다.

질병을 앓는 경우는 아무리 치료를 받아도 잘 치유되지 않고 관제나 소송문제도 이기기 어렵고 억울한 심판을 받는 경우가 발생한다.

16.
고속도로를 달리는 형상

글자 그대로 탄탄대로를 달리는 운세이다. 이 괘를 뽑을 때 옆에 사람이 있으면 동반자가 있어 외롭지 않은 길이고, 시끄러운 소음이나 떠드는 소리가 있을 때는 시끄러운 일이 발생하기도 하지만, 결국에는 잘 마무리된다. 그러나 고속도로란 너무 속도를 올리거나 쉬지 않고 계속 달리게 되면 자동차에도 무리가 가고 사람도 피곤해지니 안전운행과 휴식은 필수 조건이다. 급한 진행은 반드시 화를 부르는 법이다.

애정문제는 급속적인 진전을 보이게 된다. 마치 예전부터 알던 사람인 것처럼 친숙하고 거리낌없는 만남으로 서로에게 호의적이고 적극적이게 된다. 기혼자들은 다소 일방적인 면이 있어 문제가 되기는 하나 서로 조금씩 양보한다면 무리가 없으리라.

밤에 이 괘를 뽑았다면 천천히 조심조심 일을 처리 해야한다. 밤의 고속도로는 졸음운전으로 사고를 불러올 수 있는 곳이다. 그러므로 밤에 이 괘를 뽑았다는 것은 좋은 운을 가졌음에도 불구하고 시야가 좁고 판단력이 흐려져 일을 그르치게 된다는 암시가 있으니 각별히 주의해야 하며 눈, 비가 내리고 흐린 날 도 마찬가지다.

이 괘를 뽑은 사람은 대체로 무엇이건 시간 끄는 일을 좋아하지 않는 사람으로, 다소 성격이 급한 것이 단점이며 직선적인 사람이어서 둘러대거나 질질 끄는 것은 질색인 성격의 소유자이다. 되면 되고 안되면 말고 딱딱 부러지는 것을 좋아하며 한번 생각하면 어떻게든 실행에 옮겨야 직성이 풀리는 사람이다.

이 괘를 뽑은 사람이 고속도로나 도로를 중심으로 이루어지는 일을 하면 백발백중 성공한다. 예를 들면 도로공사, 화물운송, 고속도로 휴게소, 주유소 등과 관련된 업종의 사업자나 종사자는 미래가 밝고 주거지나 사무실도 대로변이 운에 길하다.

17.
많은 사람 속에 웃고 있으니 경쟁에서 이기리라

이 괘에서의 웃는 얼굴이란 자신감을 의미한다. 세상에는 어떤 일에든 자신감을 갖고 임하는 사람과 자신감을 잃은 채 임하는 두 부류의 사람이 있다. 너무나 당연한 말이지만 자신감에 차 있는 사람의 운이 자신감을 잃은 사람의 운보다 강하기 마련이다. 그러니 누구든 세상을 살아가는 데 가장 필요한 필수항목이 자신감인 것이다. 우리는 누구든 자신감을 키워나가야 하고, 특히 부모들은 어린 자녀들의 자신감을 심어주는 일에 소홀해서는 안될 일이다. 대개 자신감이란 말을 배우며 성격이 형성되는 시기부터 자리잡기 때문이다.

이 괘를 뽑은 사람의 운세는 힘들고 어려운 시기를 지혜롭게 잘 극복한다는 암시가 강하다. 사회, 직장은 물론이고 연인이나 가족간에도 인정받고 자신의 입지를 굳힐 수 있는 좋은 운이다. 이 시기에는 합격, 승진의 운이 따르며 당첨의 운도 있고 실직자는 직장을 얻는 운도 따른다. 애정문제에 있어서도 미혼자는 성혼의 운이며 기혼자는 자식을 보는 운이다.

밤에 이 괘를 뽑으며 밤 장사에서 성공을 보는데 특히, 여자가 밤에 이 괘를 뽑거나 (혹, 괘를 뽑을 때) 이성이 지나가거나 또래 여자가 함께 있을 때는 인기를 먹고사는 직업이니 연예인이나 무대에서

공연하는 음악가, 무용가, 연주자 등 예술적 재능과 끼를 발산하는 직업을 갖는 것이 좋고 격이 떨어지면 십중팔구 화류명이다. 남자도 그런 암시가 있으니 격이 떨어지면 밤 장사를 하게되는 것이다. 하지만 어떤 경우에도 그 분야에서의 성공은 보장받은 운명이라 본다.

이 괘를 뽑은 사람은 많은 사람을 대하는 일이나 영업방면에서 경쟁자를 물리쳐 승리할 수 있으니 세일즈에서도 뛰어난 재능을 보이기도하며 대중을 상대로 하는 방송, 언론, 출판업계에서도 성공을 거둘 수 있고 운이 대발하면 정치방면에서도 성공한다.

이 괘를 뽑은 사람은 대체로 남 앞에 나서기를 좋아하고 언변이 좋아 사람의 마음을 사로잡는 묘한 매력이 있으며, 대인 관계에 있어서도 웃고 보는 성격으로 자신의 속마음을 잘 드러내지 않는 것이 특징이며 사생활 침해를 굉장히 싫어하고 대중이나 사람을 떠나 가끔씩 잠적하여 홀로 지내고 싶어하기도 하지만 머지않아 다시 사람들 앞에 나서게 된다.

18.
새싹이 돋아나는 형상이니
새로운 일을 도모하라

이 괘에서 의미하는 새싹은 새로운 운을 의미한다. 지구가 자전하여 사계절이 있고 그러하기에 변화하는 계절마다 특성이 있으니 봄은 시작의 운이요, 새 생명의 탄생을 의미하여 희망적인 계절이다.

사람의 운명도 이와 같아 늘 똑같지 않으니 계절이 순환하듯 순환해가며 때로는 슬프고 때로는 즐거워 희비가 엇갈리는 법이다. 이 괘는 바로 운의 순환을 의미한다.

과거를 잊고 새로이 미래를 준비하는, 말하자면 지금까지의 고난과 역경을 바탕으로 발전하는 운이니 그야말로 희망적인 운세로다.

애정문제는 힘들고 어렵게 지속되어온 사랑은 결실을 맺게 된다. 그러나 새로운 사람을 만나게 되는 운이니 기혼자는 임신, 출산의 의미를 갖기도 한다.

봄이나 여름에 이 괘를 뽑으면 아주 길한 운으로 도모하는 일이 성공을 거두게 된다. 늦가을에 이 괘를 뽑으면 흉한 운이니 도모하는 일이 실패로 돌아가게 되니 새로운 일을 시작하거나 변화를 갖지 않는 것이 좋다. 늦겨울에 이 괘를 뽑으면 마지막 힘든 고비를 넘는

중이니 조금만 인내하면 좋은 운이 돌아온다.

금전 운은 봄이나 여름의 경우 재산이 불어나게 되니 적은 금액의 투자로 이익을 보는 운이며 늦가을에는 돈이나 재산이 흩어지는 시기이다.

이 괘를 뽑은 사람은 교육업에 종사하는 이가 많고 성인 대상의 프로그램보다는 아동이나 유아를 대상으로 하는 교육 아이템이 길하다. 또한 신종사업이나 신종직업 등이 길하다.

19.
자라던 나무의 뿌리가 썩었도다

우리 속담에 한 우물을 파라는 말이 있다. 옛 속담이 틀렸단 말을 하려는 건 아니지만 때론 과감하게 다른 우물을 파볼 필요가 있는 것이 인생이다. 누구나 그렇지는 않지만 때로 자신과 맞지 않는 길을 가는 사람이 적잖다. 이는 선택의 부적절함 때문일 수도 있고 자신과의 대화가 단절되어 진정한 자아를 찾지 못한 결과일 수도 있다. 아무튼 이 괘에서 시사하는 바는 아닌 것은 일찍 포기하라는 것이다.

지금껏 도모하던 일을 과감하게 포기하고 새로이 시작해야 하는 운이다. 뿌리 썩은 나무는 꽃을 피우고 열매를 맺을 수 없는 것이니 땔감으로 밖에 쓰지 못한다. 땔감이란 재투자를 의미하니 하던 것을 그만두고 그것을 경험 삼아 다른 일에 손대는 것이 바람직하다.

만일 병을 앓고 있는 사람이 이 괘를 뽑게되면 병이 악화되어 회생하기 힘든 운이니, 병원을 옮기거나 치료의 방향을 바꾸는 것이 좋다.

이 괘를 뽑은 사람은 여행이나 휴식을 통해 자신을 돌이켜 보고 재도약의 발판을 구축하는 것이 개운의 한 방법이다.

애정문제는 지금까지의 애정관계를 정리하는 것이 좋다. 기혼자는

임신, 출산의 운이 있으니 아이를 출산함으로 부부의 애정이 두터워
질 수 있는 계기가 마련되기는 하나 임신 중에 이 괘를 뽑게 되면
유산의 위험이 따르게 되니 극히 조심해야 할 것이다.

특히 이 경우에는 관재구설, 소송 등에 휘말릴 소지가 있으니 유
의해야 한다. 뜻하지 않게 억울한 누명을 쓰는 경우는 물론이며 자
신이 한 말이 와전되어 곤란한 처지에 놓이게도 되고 소송에서도 지
게 되니 매사 조심하는 것이 좋다. 특히 말조심을 하고 믿지 못할
사람에게 속내를 터놓는 어리석은 일을 삼가라.

20.
가슴에 칼을 품었으니 한 맺힌 삶이로다

이 괘는 말 그대로 한 많은 삶을 의미한다. 일생동안 일신의 고달 품으로 고생하며 가족간에도 화목하지 못하고 말년에도 고독하여 처량한 신세를 면하기 어려운 운이로다.

특히, 칼의 의미는 원한 품는 것을 상징하니 이 괘를 뽑은 이가 누군가를 원망하거나 원한을 품게되면 오히려 자신의 일신이 더욱 고달파지게 됨을 알아야 할 것이다.

부처는 늘 자비를 베풀라 했고 예수는 원수를 사랑하라 했다. 동서양 삶의 뿌리가 틀린다고 해도 진실은 통하는 법이니 동서양의 어느 옛 성인도 누군가를 미워하고 원망하라고 가르치지 않았다. 이는 누군가를 사랑하고 이해하는 마음보다 미워하며 원망하는 것이 당연히 괴로운 일이기 때문일 것이다.

사람은 누구나 귀한 법이다. 비록 나에게는 해를 끼치고 악행을 저질렀다 하더라도 그 역시 누군가의 아들이며 아버지며 어머니가 아니겠는가. 나에게 나쁜 사람이라 하여 그의 가족들에게도 나쁜 사람은 아닐 것이며 그도 자신이 저지른 잘못을 깨닫게 된다면 또 다른 누군가에는 해를 끼치지 않을지도 모를 일이 아닌가. 그러니 이 괘를 뽑은 사람은 남에게 품은 원한이나 원망은 하루 빨리 벗어 던지는 것이 현명한 처사일 것이다.

애정문제는 서로 끝이 나쁘게 헤어지게 되니 유의해야 한다. 사업이나 금전적인 면에서도 성공이나 풍요로움은 기대하기 힘든 운이다.

특히 이 괘를 뽑은 사람은 가벼운 마음으로라도 누구 때문에 이렇게 됐어, 라는 책임회피의 언동을 삼가야 한다. 인생은 항상 다른 사람 때문보다는 자신 때문에 발생하는 일이 많다. 이 괘를 뽑은 사람이 자신의 업보 때문에 남을 핑계삼는 언동을 하게 되면 더 나쁜 운을 맞게 됨을 명심해야 할 것이다.

애정문제가 서로 얼키고 설켜 어려운 상황으로 발전하듯 가정사역시 우환 질고가 끊이지 않고 발생할 소지가 다분하다. 집안에 병자가 있어 고생하거나 부부지간의 이별의 운이 오며 자녀로 인한 고통이 따르는 시기이기도 하거니와 생계유지의 위협이 오는 경우도발생하므로 여러모로 어지러운 상황이 전개된다.

남자의 경우는 다분히 폭력적이 되거나 건달로 살아가는 경우도있고 여자의 경우는 나쁜 의미가 가중되어 자신이 가계를 꾸려 나가면서도 가족들에게 좋은 소리를 듣지 못하는 운이다.
남녀 모두 오랜 지병을 앓을 소지가 있으므로 유의해야 하며 아무리 힘들고 어려운 상황에서라도 건강에 신경을 쓰는 것이 바람직하다.

21.
많은 사람 앞에 섰으니
인간을 교화하는 일로 평생을 살아가라

　이 괘는 일반대중을 상대로 사람들을 이롭게 하거나 즐겁게 하는 일을 하며 사는 사람들에게는 더없이 좋다. 끊임없이 베풀며 살아야 한다는 암시가 있는 괘로서 남에게 베푸는 만큼 자신에게도 덕이 된다는 의미로 해석하니 일평생 봉사와 교화의 일로 살아가는 성직자, 종교인, 교육자 등 남에게 깨우침을 주는 일에 종사하면 더없이 발전하는 길한 운이로되 그렇지 않으면 재난과 괴로움이 끊이지 않는다.

　일반적인 사람이 이 괘를 뽑았다면 사회봉사 프로그램에 참여하든지 어려운 이웃을 도움으로써 개운된다.

　보통 생각하기를 내가 잘살면 남을 도와야지라고 생각하겠지만 어려운 처지에 있을 때 남을 도울 줄 모르는 사람은 자신이 잘 살 때도 결코 남을 돕지 않게 된다. 그러니 아무리 힘들고 어려운 상황에 처해 있더라도 내가 누군가에게 도움될 만한 일이 없는지 찾아 나보다 더 어려운 이웃을 돕는다면, 반드시 개운되어 길할 것이다.
　애정관계는 자기 쪽에서 베푸는 사랑이로되 받기는 힘든 사랑이다. 금전적인 문제는 수중에 머무는 금전이 진정 자신의 것은 없는 팔자로다. 사업은 종교사업, 교육사업, 사회사업 등은 길하지만 일반적인 영리목적을 추구하는 사업은 흉하다. 직업으로는 승려, 목사, 신부, 수녀, 교수, 교사 등이 많고, 역술 무속에 종사자도 있다.

22.
여자가 손에 꽃을 들었으니 화류팔자

꽃이란 만인이 즐거이 바라보는 것이라 이 세상 누구도 꽃을 싫어하는 이는 없다. 또한 꽃이란 예술적 재능을 의미하기도 하는데 예술적 재능을 타고났다 하더라도 그 끼를 발산하지 못할 경우는 문제가 발생하게 된다. 예로부터 우리나라는 예술을 천한 것으로 생각해 여자든 남자든 예인들을 천박하게 생각했었다.

이 괘는 남녀모두 자신의 예술적 재능을 꽃피우지 못해 파란만장한 삶을 산다는 암시가 강하다. 이 괘를 뽑은 이는 대체로 유흥업에 종사하는 사람이 많고 그렇지 않다면 이성문제가 복잡하게 얽히게 된다. 특히 여자에겐 그러한 암시가 더욱 강하게 작용한다. 그러나 원예업이나 꽃가게 등을 하면 나쁜 의미가 감소한다.

밤에 여자가 이 괘를 뽑으면 유흥업에서 성공을 거두는 운이지만 남자가 뽑으면 유흥업 종사자이건 아니건 주색잡기로 패가망신하거나 화류계에 몸담았던 여인을 아내로 맞이하게 된다.

금전 운은 유흥업 종사자에게는 길하지만 해가 지고 난 후에 이 괘를 뽑았을 경우만 금전융통이 원활하다고 해석한다. 그렇지 않은 경우는 금전 융통이 어렵다.

애정문제는 남녀 모두 진실한 상대가 아니다. 사업으로는 원예, 유흥, 요식, 숙박 등과 관련된 업종이 길하다. 직업으로는 호텔경영 및 종사자, 조경 예술가, 유흥 서비스업 등이 길하고, 삼류 연예인도 여기에 속한다.

이 괘는 가정에는 나쁜 의미를 가중시킨다. 자신이나 배우자가 외도를 하거나 가정을 등한시하여 파경에 이르는 경우도 생긴다. 또한 남녀 모두 술로 인한 병이나 성병, 여성의 경우에는 자궁질환 등을 앓게 되므로 주의해야 한다.

머리에 관을 쓰니 관직에 등용할 것이로다

관이란 관공서를 의미하고 남자에게는 직장과 자식, 여자에게는 직장과 남편을 의미한다. 이 괘의 운세는 나날이 발전하는 운이니 사업의 확장이나 승진, 진급의 운이요 합격의 의미도 있으며 혼인적령기의 사람은 성혼의 암시도 있다.

낮에 이 괘를 뽑으면 하는 일마다 승승장구할 것이요, 남녀 모두 혼사가 이루어지고 혼담이 오가는 형국이며 기혼자는 득남의 운이요, 실업자는 구직의 운이다. 밤에 이 괘를 뽑는다면 초상 당할 일이 염려되고 환자가 있는 집은 더욱 불길하다.

사업과 금전 운은 날로 안정을 찾아 성공의 괘도에 오르게 되고, 고정적인 수입으로 안정되는 운이다.

여성이 이 괘를 뽑는 경우는 사회 활동을 하는 이가 많고 남자 못지 않게 인정받고 지위를 얻을 수 있으니 현재 아무런 일을 하지 않는다 하더라도 남편이나 자식을 출세시키고 본인도 마음만 먹으면 사회활동을 왕성하게 하여 능력을 인정받게 된다.

직업 운은 남성의 경우는 공무원, 군인, 경찰, 판사, 검사 등의 직종이 좋고 그런 업종에서는 크게 발전할 수 있다. 여성의 경우에도 공무원 계통의 일이 좋으며 사회단체에서 일하는 것도 좋다.

 그러나 밤에 이 괘를 뽑게 되면 어떤 일을 하건 직장에서의 문제
가 발생하게 되므로 인사이동에서 불리한 위치에 놓이거나 승진누락
의 의미가 있다.

24.
여자 머리에 화관을 쓰니 경사가 있으리라

여기에서 화관이란, 성혼을 의미한다. 남녀 모두 결혼의 성사나 임신 출산의 경사가 있을 운이며, 자신의 집안에 혼담이 오가거나 혼사가 있는 경우에도 이 괘가 나온다.

예전에는 혼전 성 결합이 허용되지 않았으나 현대사회에 와서 성 문화의 개방으로 성을 오락 정도로만 생각하는 사람들이 많아졌다. 그러므로 이 괘는 남자가 뽑았을 경우는 자신이 원하는 바 성취가 쉬우나 여자가 뽑았을 경우 순결을 잃게 되거나 외간 남자에게 몸을 허락하는 일이 발생할 수도 있다. 특히 여자가 밤에 이 괘를 뽑게 되면 나쁜 의미가 더욱 강해지니 행동을 각별히 유의해야 할 것이다.

이 괘는 남 앞에 나서는 직업이나 예술 예능적인 방면의 일을 하는 경우가 많고 격이 떨어지면 유흥업 종사자가 되기도 한다.

사업적인 면은 전시효과가 있는 업종은 발전할 운이다. 밤에 괘를 뽑았다면 유흥업 계통은 길하다. 그러나 이 괘상에서 일반적인 사업, 제조나 무역업 등은 힘든 운이다. 같은 전시효과를 노리는 업종이라도 여성과 관련된 업종은 더욱 길한 운이다.

남녀 모두에게 성혼의 의미가 있으니 연인에게는 좋은 괘상이다. 가정사에도 화목한 시기이다. 가족간의 사랑이 깊어지는 시기이고 자녀로 인한 기쁜 일이 있으며 성장한 자녀의 결혼, 출산 등의 암시가 있으니 경사가 발생한다. 그러나 역시 밤에 이 괘상이 나오면 가정사에 문제가 발생하는데 주로 여자로 인한 문제가 야기된다.

　금전 운도 나쁜 편은 아니며 필요한 만큼 융통된다.

25.
캄캄한 밤에 멀리서 희미한 불빛이 보이니
서둘러 걸음을 재촉하면 어둠을 피하리라

캄캄한 밤이란 현재 자신이 처해 있는 악운을 의미하며 희미한 불빛은 어렴풋이 보이는 희망과 빛을 잃어가는 소망사를 의미한다. 옛날에는 천리 길도 걸어다녔고 산 속에서 길을 잃고 호랑이나 산짐승에게 해를 당하는 경우도 허다했다고들 한다.

이 괘에서는 산 속에 길을 잃고 헤매는 형상을 의미하니 이 괘를 뽑은 이가 호랑이, 말, 개띠에 해당한다면 쉽게 어려운 난관을 극복할 것이요, 원숭이띠에 속한다면 어려움을 피하기 힘들다. 이유는 산이란 산신이 머무는 곳이요, 호랑이란 예로부터 산신과 함께 신성시여기는 동물로써 호랑이의 신격화는 선사시대 청동기와 암각화 등에서부터 나타나 있다. 후대로 내려오면서 액을 물리치는 신성한 동물로 여겨져 왔는데 호랑이는 본시 말, 개와 가장 이상적인 조화를 이루고 원숭이와는 상극을 이루기 때문이다.

이 괘는 고난과 역경에 빠져 있는 운세를 의미하나 주위를 둘러보면 반드시 어려움을 피하거나 이겨낼 방도가 있으니 머뭇거리지 말고 행동하라는 암시가 있다. 산 속에 보이는 희미한 불빛이 맹수의 눈일 수도 있으나 확인하지 않고서야 알 수가 없는 노릇이다. 그러니 서둘러 확인하고 어둠을 피하는 것이 현명한 처사일 것이다.

낮에 이 괘를 뽑으면 머지않아 힘들고 어려운 시기가 찾아올 것을 예고한다. 밤에 이 괘를 뽑으면 이미 어려움에 처해 있는 상황을 의미한다. 금전적인 문제는 당장 급한 돈만 융통이 된다.

본시 불빛이란 공들이는 의미가 있으므로 이 괘를 뽑은 자는 항시 공들이는 팔자라 신앙을 가지는 것이 좋으며 어떠한 일을 앞두고 이 괘를 뽑았다면 종교의식으로 액운을 피하는 것이 좋고 특별한 종교가 없는 이는 산신에 제를 올리면 어려움을 면해갈 것이다.

26.
책을 펴고 앉았으니 평생 공부하는 운이로다

책이란 지혜의 소치이다. 예나 지금이나 책만 보는 사람은 지혜는 깊으나 생활은 궁핍한 편이다. 즉, 귀(貴)는 있으나 부(富)는 없다는 이야기다. 앞서도 이야기했던 것처럼 물질이 다가 아니기 때문에 이 괘를 뽑았다고 해서 실망할 필요는 없다.

예로부터 책을 읽는 선비는 그 인품이 곧고 행동에 어긋남이 없었으나 너무 체통을 중시 여겨 집에 쌀이 떨어져도 그저 노동으로 끼니를 이으려 하지는 않았다. 현대 사회에서는 책을 펴고 연구만 해도 물질은 따라오니 옛 선비들만큼은 궁핍하지 않고 자신의 연구 목표를 성취하면 거부는 아니어도 소부(小富)는 이룰 수 있다.

특히 이 괘에는 자만심과 교만을 멀리하고 모든 일에 겸허한 자세로 임하라는 암시가 있는 것으로 모든 이들이 이 괘를 뽑았을 경우 자신을 잘 돌이켜 보아야 할 것이다.

또한 이 괘는 힘들고 어려운 시기를 지혜롭게 잘 넘긴다는 의미도 있으니 자포자기하지 않고 생각을 깊이 한다면 아무리 힘들고 어려운 시기도 잘 극복해 나갈 수 있다. 입시생이나 취업을 앞둔 이에게는 머리가 맑아져 공부가 잘되니 길한 운이다.

이 괘를 뽑은 사람은 대체로 계산적이거나 논리적인 사람이 많고 모든 일에 머리를 잘 회전하여 주위에 놀라움을 주기도 한다. 또한 과학적 증거나 논리를 중시 여기고 심오한 철학에 심취하기도 쉽다. 자신이건 남이건 이치에 어긋나는 행동이나 예의에 벗어난 언동은 굉장히 싫어하는 편이다.

이 괘를 뽑은 사람의 애정문제는 서로에 대한 탐색전이 필요한 시기이다. 사업은 교육사업이 가장 길하며, 금전적인 문제는 어려운 시기이다.

직업으로는 학자, 사상가, 연구직, 의사 등 평생 끊임없이 연구하고 공부해야 하는 일은 무엇이든 좋으나 그렇지 않으면 부는 누릴지 모르나 천한 사람이 되기 쉽다.

27.
책을 덮고 먼 산을 바라보니
학업의 인연이 없다

이 괘는 앞의 26번과 상반된 의미를 지니고 있다. 책을 덮었다는 것은 지혜롭지 못한 것을 의미하고 먼 산이란 이룰 수 없는 꿈이나 인생의 허망함을 의미한다. 학업의 인연이 없다는 것은 소망사를 이룰 수 없다는 의미이다.

설사 이 괘를 뽑은 이가 공부를 많이 한 지식인일지라도 자신이 한 공부가 무용지물이 되고 만다는 의미이니 이상과 현실이 맞지 않아 갈등을 느끼게 된다.

이 괘는 머리를 써야 할 때 머리를 쓰지 못하여 낭패를 당한다는 의미가 있다. 무엇보다도 지혜롭게 행동해야 하는 시점에서 감정적으로 일을 처리하여 다된 밥에 재 뿌리는 형상을 이루니 실로 안타까운 일이 아닐 수 없다. 그러니 이 괘를 뽑은 사람의 개운법은 행동하기 전에 한 번 더 생각하고 포기하기 전에는 두 번을 다시 생각하며 감정이 복받쳐 참을 수 없을 때는 세 번을 다시 생각하라. 옛말에 참을 인(忍)자 세 번이면 살인도 면한다 하였으니 명심해야 한다.

입시생은 낙방의 의미가 있고 직장인은 감원대상이나 퇴직의 암시가 있으니 조심하라. 이 괘를 뽑은 사람은 일찍 상업에 종사하는 것이 길하다. 애정관계는 권태기에 접어드는 시기이니 서로의 대한 이해와 배려가 더욱 필요한 시기이다. 금전적인 문제는 큰돈은 어려우나 작은 돈은 융통이 된다.

이 괘를 뽑은 사람은 틀에 박힌 생각이나 생활을 기피하는 경향이 있고 자유주의적 성향이 강하여 기존질서를 파괴하는 성향이 있으니 고정관념을 깨뜨리는 전위예술가와도 같다. 논리나 이론을 앞세워 일에 임하는 것을 싫어하고 방랑벽도 있으니 자유분방한 생활과 자유연애를 좋아한다. 그러므로 이 괘를 뽑은 사람의 가장 길한 직업은 예술인, 시인, 작가 등이 있고 전문 여행가이드 등도 좋은 직업이다.

28.
그림을 그리나니 예인의 팔자

여기에서 그림이란 예술적 재능만이 아니라 내적 갈등의 표출을 의미하기도 한다. 또한 일반적인 정서와는 동떨어진 정신의 세계를 지칭하기도 한다.

예인의 팔자란 남에게 보여줌으로써 그 가치가 인정되는 것이니 남에게 보여지지 않는 것은 스스로 괴로울 뿐이다. 그러하니 이 괘를 뽑은 사람은 자신의 가치를 인정받지 못해 불운한 사람이라 본다. 개운법은 전시효과가 있는 업종의 일을 하는 것이다. 그렇지 않으면 망신당하는 운이니 조심해야 한다. 단, 예술인에게는 좋은 운을 암시한다.

이 괘를 뽑은 사람의 성격은 대체로 예민하거나 괴팍하여 누구나 다 가는 길이나 행동은 꺼려하고 자신만의 독특한 사상을 가지고 살아가기를 원하며, 대단한 고집으로 다소 현실과 타협하기를 싫어하는 성향이 있다. 심하면 성격상의 문제를 야기하거나 정신질환을 겪는 경우도 있다.

특히 여자의 경우는 히스테리가 심하고 우울증이나 편집증 증세를 겪기도 하며 심하면 정신과 치료를 받아야 하는 경우도 많다. 또한 이 괘는 자폐증 환자에게서도 많이 나오는 괘이기도 하다.

이 괘는 예인으로 살아가거나 예술적 취미를 가진 이에게는 좋은 괘이나 일반적인 사람은 한 직장에 오래 머물기 힘들고 특정 직업 없이 오랫동안 놀고먹기 일쑤이니 남녀 모두 생산적인 면이 적고 생활력도 약해 무엇이고 제대로 이루어 내는 것이 없다.

그러니 이 괘를 뽑은 이는 자신의 예술적 재능과 기질을 발휘할 수 있는 여건을 형성하여 노력해야 할 것이다. 금전적인 문제는 고달픈 시기이다. 사업적인 면은 전시효과를 발휘하는 업종은 길하다.

29.
대낮에 먹구름이 밀려오는 형상

먹구름이란 예상치 못한 불운을 의미하니 우발적인 사건, 사고를 암시한다. 대낮이란 양의 기운이 왕성한 때를 의미하니 좋은 운에서의 돌발사고이다. 먹구름이란 비를 동반하는 경우가 많으므로 가뭄이 심한 시기에 이 괘를 뽑는다면 오히려 길하여 자신을 도와줄 조력자를 만나는 운이니 더욱 발전하는 운세이다.

애정 및 대인 관계는 상대가 치명적으로 나쁜 사람일수도 있으니 유의해야 한다. 금전은 갑자기 회전을 멈추게 된다. 사업적인 문제는 다 이루어진 계약이나 거래도 깨어지기 쉬운 운세이다.

이 괘를 뽑은 사람은 대체로 쉽게 화를 내고 쉽게 풀어지며 동전의 양면을 다 갖고 있는 사람이라 좋고 싫음이 분명하고 화가 나면 금방 표시가 나는 것이 특징이며 자신의 감정을 숨기고 살지 못한다.

이 괘는 가정사에도 불운을 의미한다. 갑자기 환자가 생기거나 사고로 인해 몸을 다치는 가족이 생기게 되며 자녀들이 질병을 앓기도 한다. 또한 배우자나 다른 가족 구성원과의 갈등이 심화되는 시기이므로 무엇보다 서로를 이해하려는 노력을 아끼지 않아야 한다.

대부분 가족구성원 각자가 짜증이 겹치고 고민거리를 갖는 시기라 모두들 예민해지기 쉬운 때이며 매사에 협조가 잘 안되며 각자의 생활만을 고집하는 시기이다.

  애정적인 면에서도 갑작스런 이별을 겪는 경우도 발생하고 상대가 다른 이성관계를 갖기도 한다. 기혼자의 경우에도 배우자가 외도, 잦은 외출, 늦은 귀가 등의 문제를 일으킨다. 또 이 시기에는 금전 사고의 우려도 있다. 뜻하지 않은 곳에 지출이 많아지거나 보증문제, 채권 채무의 문제가 발생하는 시기이며 신용카드 남발로 인한 신용 불량 거래자가 되기도 하는 시기이므로 소비와 지출에 더욱 민감해져야 한다.

30.
날이 밝았는데 해가 떠오르지 않으니
흐린 날이요

힘든 역경을 이겨낸 사람이나 웬일인지 확 풀어지지 않고 좋은 운이 왔어도 쉽게 운의 흐름을 타지 못한다. 또한 이 시기에는 괜한 일에도 짜증이 많아지고 매사 의욕이 상실되므로 무엇보다 스스로 마음을 다스리는 것이 중요하다.

애정문제는 상대방에 대한 확신이 서지 않는 시기이다. 금전문제는, 융통이 되기는 하지만 필요치 이하로 들어온다. 사업적인 면도 아직은 만족할 수 없는 시기이다.

이 사람은 흑백이 분명치 않은 사람이다. 좋은가 하면 나쁘고 나쁜가 하면 좋으니 모든 일에 호 불호(好不好)가 분명하지 않으니 우유부단한 사람이다. 그런 자신의 성격 때문에 눈앞에 온 행운도 잘 놓치는 사람이다.

이 시기에는 어떤 일에도 즐겁지가 못하고 짜증이 겹치며 의욕을 상실하여 자신에 대해 자포자기하기가 쉽다. 이유는 자신에게 닥쳐오는 불운이 끝없어 보이기 때문인데 아무리 노력해도 좋은 결과가 빨리 오지 않기 때문이다.

하지만 모든 일에는 순서가 있기 마련이다. 봄이 왔다해서 갑자기 꽃이 활짝 피어나지 않듯이 일에는 순서가 있고 때가 있는 법이니 조급해 하지 말고 마음을 느긋하게 가질 일이다.

또 이 시기에는 중요한 결정을 내려야 하는 일이 발생한다. 그런데 자신감이 떨어진 상태라 너무 일찍 포기하는 경향이 있는데, 결코 섣불리 결정하여 뒷날 후회하지 말고 자신감을 갖고 도전하는 것이 좋다.

가정적인 면에서도 계속해 일어나는 크고 작은 일에 고민하는 시기이며 특히 배우자와의 불화로 이별을 생각하기 쉬운 때이지만 이 상황에 이별하면 계속해서 흐린 날만이 있을 뿐이니 조금만 더 인내를 하여 좋은 결과를 맺도록 해야 한다.

질병이나 오랜 병에 시달린 사람은 이제 서서히 치료의 효과를 보는 시기이니 당장 낫지 않는다고 해서 치료의 방향을 전환하거나 중단해서는 안된다.

이 괘를 뽑은 사람은 무엇보다도 자신의 단점을 인정하고 개선하도록 힘써야 할 것이다.

31.
장대같이 쏟아지는 빗속에
우산도 없이 허허벌판에 서 있는 형상

이 괘는 많은 고난과 어려움에 빠져있는 상황을 이야기한다. 장대같이 쏟아지는 비란 정신을 차릴 수 없을 정도로 닥쳐오는 액운을 의미하고 우산이란 방패막이의 역할을 의미하는 것이다. 현재에 닥친 위기 상황을 모면할 능력이 없는 무방비 상태이다.

인간의 힘으로 도저히 막을 수 없는 천재지변과 같은 운세이니 이 괘를 뽑은 사람은 결코 혼자서 문제해결을 하려 해서는 안된다. 이 경우에 도움 받을 곳이 마땅치 않겠지만 작게나마 도움 받을 곳이 있을 터이니 자신을 도와줄 조력자를 먼저 찾는 게 현명하다. 또한 이 경우는 인간의 힘보다는 신의 조력이 필요하니 신께 열심히 기도하면 살아날 길이 생긴다.

이 괘를 뽑은 사람은 어떤 사건이나 사고가 닥치면 당황해 하느라고 수습하지 못하는 성격으로, 그 무엇도 스스로 개척하려는 의지가 약한 편이다. 주위환경이나 세상을 탓하며 자포자기하는 경향이 짙으므로 세상에 적응하기 힘든 성격의 소유자이다. 이 괘를 뽑은 사람이 가장 먼저 해야 할 일은 스스로에게 힘을 실어 주는 일이다.

때로 사람들은 모든 것을 운명의 탓으로 돌리려는 나쁜 습관이 있다. 그러나 운명이란 그대로 받아들이라고 있는 것도 아니고 어떻게 될 것이다라고 정해진 것도 아니다. 어떤 사건에 대한 결론이 운명이 아니라 어떤 사건에 있어 선택의 순간이 바로 운명인 것이다. 그래서 스스로 강한 의지가 없으면 좋은 운이 오지 않고 작은 어려움도 이겨낼 수 없다. 그러니 이 괘를 뽑은 사람은 포기하지 말고 자신의 힘을 길러 운명을 개척해야 할 것이다.

애정문제에 있어서는 두 사람이 아무리 사랑하더라도 주변의 반대가 극심해 헤어지는 경우가 많다. 결혼이란 둘만 좋아서는 안되는 것이기 때문에 집안의 반대에 부딪치게 되면 힘든 법이다. 이 경우에도 여러 가지 이유로 인해 집안 어른들의 반대에 두 사람이 다 지치게 된다.

사업적인 면에도 아무리 힘써도 소생할 가능성이 희박한 상황이 오게 된다. 주변에 도움 받을 곳조차 막연한 상황이다. 질병을 질병을 앓는 경우에도 치료가 되지 않고 갈수록 병이 악화되며 위험한 병은 사망하는 운이다. 또 이 시기에는 관재나 소송에 걸리기도 하므로 매사에 조심하고 신중해야 한다. 작은 일도 크게 확대되어 구속당하거나 소송에 걸리게 되고, 결과는 자신에게 불리하게 된다. 가정적인 면에도 갈등이 심해지고 가족간의 생사이별을 겪는 운이다.

32.
쏟아지는 비 속에 우산 쓰고
바삐 가는 형상

이 괘는 앞의 31번과 대조를 이룬다. 31번의 괘가 스스로 자포자기하고 운명에 대항할 기력이 없는 것에 비해 이 괘를 뽑은 사람은 당당하게 운명과 맞서 싸울 준비가 되어 있는 사람이고 어떤 역경이 닥쳐도 이겨낼 각오로 세상을 살아가는 사람으로, 도전적이며 환경을 한탄하고 원망하기보다는 스스로 새로운 환경을 찾거나 기존의 환경의 변화시키는 능력과 모험심이 강해 어떤 일에도 적극적 사고와 자세로 대처하고 자기 성취욕도 강하다.

이 사람은 일에서 뿐만이 아니라 대인관계나 가족간의 유대관계도 중요시 여기기 때문에 주위에서도 인정받고 대우를 받는다. 그런 반면 너무 완벽하고 이상적인 인간상을 추구하기 때문에 자기 주변 사람들을 간혹 당황케 하거나 피곤하게도 만들며 자신의 완벽함만큼 주변인물들도 완벽하기를 원하기도 한다. 가끔 빈틈을 보이는 것이 오히려 인간적이라는 것을 염두에 두면 대인관계에서의 문제점이 해소될 것이다.

이 괘의 운세는 짐이라고 생각했던 것도 도움될 때가 있다는 것을 암시한다. 우산이란 늘 필요한 것은 아니지만 비오는 날에 는 없어서는 안될 물건이다. 그러므로 이 괘를 뽑은 사람은 지금 당장에 필요성이 없다고 느끼는 것에 대해 다시 한번 재검토 해야하며, 현재 곤경에 처한 상황이라도 대수롭지 않게 생각한 것에 도움을 받게 된다는 암시가 있으니 찬찬히 생각하고 바삐 행동해야 할 것이다.

이 괘는 뜻하지 않은 도움으로 역경을 이겨낸다는 암시도 있으니 아무리 힘들고 어려운 상황에서도 용기를 잃지 않기 바란다. 자신에 생각할 때는 도저히 도움 받을 곳이 없다고 느껴질지 모르나 분명 어딘가에 자신을 도와줄 곳이 있고 의외로 가까운 곳이나 생각지 않은 곳에서의 도움이 있게 되니 포기하지 않아야 한다.

이 운은 밤이나 낮이나 다 역경을 이겨내는 운이지만 이른봄에 이 괘를 뽑았을 경우는 미리미리 재앙에 대비하는 것이 좋다. 대부분 이른 봄이나 아침 일찍 이 괘를 뽑았을 경우는 아직 어려움이 닥치기 전인 경우가 많으므로 대비책을 강구해 놓는 것이 좋다. 특히 우려하는 바가 있는 경우에는 머지않아 어려움이 닥치게 되니 철저히 대비하라.

애정면에 있어서도 힘든 가운데 누군가 자기 손을 들어주는 이가 있다. 이 경우에는 어려움을 극복하고 결실을 맺게 되므로 노력하면 대가가 따른다.
사업적인 면에 있어서도 힘들고 어려운 상황이 오더라도 스스로 극복할 수 있는 운이니 용기를 잃어서는 안된다.

이 시기에는 가족간의 유대가 무엇보다 중요하다. 이 괘를 뽑은 사람은 대부분 아무리 어려운 상황에서도 가족간의 사랑을 흩트리지 않으려 노력하는 사람이며, 힘든 상황에서 가족에게 커다란 힘이 되

고 재기의 발판이 되어준다. 질병을 앓는 사람도 스스로 노력과 주
변의 도움으로 병을 이겨내는 운이다.

33.
남의 것을 탐내는 형상이니 화가 닥치도다

이 괘는 자신의 분수를 지킬 것을 충고한다. 여기에서 남의 것이란 이룰 수 없는 소망, 허황된 꿈, 자신의 분수에 넘치는 행동이나 생각, 지나친 욕심 등을 의미한다.

이 괘를 뽑은 사람은 대체로 욕심, 탐심이 많고 욕망이 강한 사람이다. 다소 남에게 피해가 간다 하더라도 자신의 이익을 위해서는 개의치 않으며 심하면 상당한 이기주의자가 될 수도 있고 그로 인해 결국엔 자신이 파국을 맞게 된다.

원래 인간이란 욕심이 없을 수가 없다. 그러나 나의 욕심으로 인해 다른 사람들의 행복을 방해할 수는 없는 일이 아닌가. 현대 사회의 가장 큰 문제점 중의 하나가 자신만을 생각하는 이기주의 성향이다. 이 문제는 다음 세상을 이끌어갈 젊은이들에게서 더 심각하게 나타나고 있다. 세상 사람들이 모두 자기 욕심만 채우려 한다면 이 세상이 어떻게 될지 상상만 해도 소름 끼칠 일이다. 지나친 욕심은 버려라. 적당한 욕심은 약이 되지만 지나친 욕심은 치명적인 독이 될 수 있다는 것을 명심하라.

이 괘의 운세는 현재 자신이 취하려 하는 일이나 물건, 사람, 그 어떤 것이건 자신의 것이 아니니 취하지 않아야 함을 암시한다. 만약 취하게 되면 커다란 화가 닥치게 되니 계획을 다른 곳으로 옮기는 것이 바람직하다.

애정적인 면에 있어 특히 많은 문제를 일으키는 괘이다. 자신의 배필이 아닌 경우도 있고 상대가 너무 욕심을 내어 깨어지는 경우도 있다. 무엇보다도 서로가 너무 맞지 않는 경우가 많은데 대부분 이 괘를 뽑는 쪽에 부족한 면이 많다. 나이가 너무 차이가 나거나 집안이 너무 차이를 보여 결국에는 이별하게 되는데 간혹 어려움 속에 결혼을 하더라도 결국 파경에 이르게 되니 일찍 포기하는 편이 서로에게 상처를 덜 주는 일이다.

34.
광 속에 곡식이 가득 차 있는데
쥐 한 마리가 들어온 형상이다

광 속에 곡식이 가득 차 있다는 것은 대체로 좋은 운에 있음을 이야기한다. 정신적으로 물질적으로 풍요로운 시기를 나타내고 있지만 쥐 한 마리가 들어온 형상이라 함은 풍요로운 중에 보이지 않는 문제점이 발생한다는 의미이다.

쥐는 곡식을 훔쳐먹고 병균을 옮기는 동물로 어디를 보아도 도움이 안된다. 특히 광 속에 쥐가 있다는 것은 광 속에 쌓아둔 곡식은 이미 쥐가 독차지하고 있음이다. 광 속에 곡식이 많을수록 축나는 것이 처음엔 잘 표가 나지 않겠지만 번식력 강한 쥐의 특성상 순식간에 광은 쥐의 세상이 되고 말 것이다.

또 쥐는 12지에서 자(子)로 표현되며, 자식을 나타낸다. 그러므로 자식으로 인한 문제가 발생되기도 하거니와 자(子)는 오(午)와 충(冲)을 이루니 말띠에 속하는 사람이 이 괘를 뽑았을 경우 더욱 주의해야 하고 미(未)와는 원진을 이루니 양띠에 속하는 사람도 조심하라.

주변을 유심히 둘러보라. 풍요롭고 풍성한 시기임에는 틀림없으나 그 풍요로움 속에 필히 도적이 들어 있으니 그 도적을 소멸시키기 전에는 마음을 놓을 수 없다. 눈에 잘 띄지 않으므로 유심히 살피지 않으면 이미 때가 늦어질 수도 있다. 또한 이 시기에는 실물, 도적수가 따르니 조심해야 하고 뜻하지 않은 재산상의 피해가 우려되니 유의해야 할 것이다.

애정관계에 있어서도 누군가 내 짝을 탐내는 형상이고 연인관계나 부부 사이를 이간질하는 이가 있으니 조심해야 한다.

사업이나 금전 관계는 모든 것이 잘 돌아가는 듯 보여도 분명 한 군데 문제가 생긴다. 동업자나 종업원이 자신을 속이는 경우가 발생하고 생각지 않은 일에 돈을 쓸 일이 생긴다.

35.
아침에 까치가 우니 필경 길조

예로부터 아침에 까치가 울면 반가운 손님이 온다고 했다. 그렇듯이 이 괘에서도 반가운 소식이나 사람을 만날 운세라고 암시한다. 어렵고 힘든 상황에서도 헤쳐나갈 길이 열리고 도움 받을 곳이 생긴다는 의미이다.

집안에는 경사가 있을 것을 의미하니 혼담이 오가거나 임신출산의 운이며, 재산이 늘어나고 웃을 일이 많아지니 좋은 운에 이르는 시기이다.

단, 이 괘를 밤에 뽑으면 좋은 기회를 놓친 형상이니 자신에게 온 좋은 운을 스스로 게으른 탓에 놓치거나 망설임으로 인해 일을 그르치는 경우가 생기기 쉽다.

이 괘를 뽑은 사람이 어떤 일을 도모한다면 좋은 운이니 망설이지 말고 진행하라.

이 괘는 특히 어떤 소식을 기다리고 있는 경우에 좋은 결과의 소식을 듣게 된다. 어떤 일을 해놓고 그 결과를 기다리며 노심초사하는 경우에는 반드시 좋은 소식을 듣게 되니 좋은 운에 와 있음이다.

합격의 운도 있고 승진의 운도 있으며 인사이동에서는 좋은 보직을 얻게 된다.

애정문제도 이 시기에는 양가에 인사를 하고 허락을 구하는 시기이니 결과는 양가 모두 흡족해하게 되고 결혼에 성공한다. 미혼의 경우 이 시기에 중매나 소개로 사람을 만나 사랑에 빠지게도 된다.

사업을 하는 사람은 주문량이 늘어나고 매출의 신장을 보이는 시기이며 기대하던 계약이 성사되기도 한다. 특히 사업이 어려운 처지에 놓여 있는 사람에게도 좋은 소식이 기다리고 있어 어려움을 모면해 가기도 한다. 가정에도 경제적인 안정을 되찾는 시기이며 웃을 일이 많아지니 가족간에 즐거운 일이 많이 발생하고 자녀에게 좋은 일이 생기는 시기이다.

36.
아침에 까마귀가 우니 필경 흉조

까마귀는 불운의 대명사로 여겨져 오고 있다. 까치와는 대조적으로 까마귀가 울면 흉사가 있다하여 불길하게 여겨져 왔다. 이 괘에서도 까마귀는 궂은 일을 의미하니 나쁜 소식이나 보기 싫은 사람을 만날 운세이며 악인을 만나는 형상이니 낯선 사람을 경계하고 평소 평판 나쁜 사람은 가급적 피하는 것이 좋다. 특히 돌발사고가 일어날 확률이 많으니 매사 행동을 신중이 해야하며 관재나 소송의 우려도 있다.

밤에 이 괘를 뽑았을 경우 매사 조심해야 하지만 이미 어떤 문제에 직면해 있는 사람은 의외로 유리한 결론에 도달한다.

여자가 이 괘를 뽑았을 경우 남편이나 시댁 식구들과의 갈등이 깊어지게 되니 이해와 사랑으로 현명하게 처신해야 할 것이며 미혼인 경우는 애정문제에 이상이 생기게 된다. 이 시기는 구설이 따르고 남과의 시비가 우려된다. 다툼이 있을 경우 작은 말싸움이 커지게 되니 될수록 다툼을 피하는 것이 좋다.

소식을 기다리는 사람에게는 나쁜 괘이다. 즐겁지 못한 소식이 찾아 들고 좋은 일보다 언짢은 일이 더 많이 발생하는 시기이다. 문병이나 문상 갈 일이 발생하고 노부모가 계시는 집안은 어른들에게 좋지 않은 일이 발생하는 시기이다.

그러나 이 괘를 밤에 뽑는 경우에는 나쁜 일을 당해도 빨리 해결이 나고 관재에 휘말려 구속되어 있거나 수감중인 사람은 머지않아 풀려나고 소송의 경우에도 유리한 조건에 놓이게 된다.

여자의 경우도 밤에 이 괘를 뽑았을 경우는 시댁식구나 남편과의 불화가 해소될 기미가 있으니 조금만 더 인내한다면 어려움을 이겨내고 화목을 되찾을 수 있다.

금전의 융통이 어려운 시기이므로 사업상에도 자꾸 결제가 늦어지게 된다. 물품의 대금이 회수되지 않아 곤란한 일을 당하게 되며 임금체불 현상이 발생하기도 하며 매출이 떨어지고 계약이 이루어지지 않는 시기이다.

역시 밤에 이 괘를 뽑았을 경우는 그 나마 힘든 가운데 조금씩 금전이 융통되어 어려움을 해소하기는 하지만 원활한 유통은 기대하기 힘들다. 가계에도 소비와 지출의 불균형이 발생하고 생각지 않은 곳에 금전 지출이 생겨 어려움을 겪게 된다.

37.
산에 무지개가 걸렸으니
아름다움이 극에 달하도다

무지개는 한순간 나타났다가 짧은 시간에 사라지며 아무 때나 아무 곳에서나 볼 수 있는 광경이 아니다. 그렇기 때문에 사람들은 무지개에 대한 환상을 갖게 되었는지도 모른다. 그렇듯 이 괘에서도 무지개는 얻기 힘든 행운, 이루기 힘든 소망 등을 나타낸다.

아름다움이 극에 달했다는 것은 운이 정점에 달했다는 것을 의미한다. 그러므로 이 괘의 운세는 짧은 시간이나마 뜻을 이루게 되는 운을 암시한다.

원하던 바가 이루어지고, 힘들고 어려운 시기를 벗어나 결실을 보는 때이며 운의 흐름이 강한 시기이다. 따라서 활기차고 희망적인 운을 의미한다. 직장인은 승진, 입시생은 합격, 기혼자는 임신 출산의 의미가 있고 사업자는 큰 계약이 채결되는 운이다.

그러나 지속적인 운은 아니다. 얻기 힘든 행운을 얻었지만 그 기쁨의 순간이 언제까지나 지속되는 것은 아니며 오히려 행운 뒤의 고통이 따르기도 한다.

밤에 이 괘를 뽑으면 모든 것이 허망하다. 흐린 날이나 오후에 이 괘는 잡지 못할 행운을 암시한다.

애정 운은 남녀 모두 멋진 상대를 만나게 되는 운이다. 그러나 이 운은 그저 한때 지나는 인연으로 지속적인 애정관계를 유지하기는 힘들다. 짧으나마 서로에게 유익하고 좋은 추억거리로 남을 관계이다.

환자에게 있어서도 이 운은 잠시나마 병이 호전되기는 하지만 완치되는 것은 아니므로 방심하지 말아야 한다.

가정에도 즐거운 일이 발생하는 시기이다. 역시 오랫동안 지속되는 즐거움은 아니지만 좋은 일이 생겨 잠시나마 가족간에 화목을 도모하는 운이다.

이 운에서 가장 유의해야 할 부분은 바로 금전적인 부분이다. 이 시기에는 갑자기 금전의 여유가 생기는 시기이다. 사업을 하는 사람은 매출이 증가하는 운을 보이고 금전의 유통이 원활해진다. 하지만 지속적이지 못한 운이니 지출을 많이 하는 경우에 뒷감당이 힘들어지므로 이 시기에는 여유가 있어도 오히려 저축하고 긴축해야 함이 마땅하다.

달이 찼으니 기우는 것이 걱정이로다

달은 음의 기운을 의미한다. 음이란 정적인 것, 여성적인 것, 음성적인 일 등을 의미하고 시간대로는 해질 무렵부터 해뜰 무렵까지를 의미한다. 무릇 만물은 음과 양의 조화로 이루어져 있으니 어느 한쪽 기운이 너무 강하거나 약하면 조화가 깨어지게 된다.

이 괘에서 달이 기운다는 것은 말 그대로 점점 줄어든다는 의미와 음의 기운이 쇠퇴한다는 의미도 있다. 그러므로 이 괘를 여자가 뽑았을 경우는 불길하다.

여자는 음의 기운이 강하므로 음의 기운이 쇠퇴하면 여성으로서의 매력을 잃게 되니 연인이나 배우자에게 사랑 받기 힘든 운이고 신장, 방광, 자궁의 질환을 얻게된다.

종교, 신앙인이 이 괘를 뽑았을 경우도 신앙심에 흔들림이 생기고 믿음에 대한 의심을 갖게 되니 더욱 열심히 기도하고 수양을 쌓아야 할 것이다. 이유는 신이라는 존재, 영혼이라는 존재도 음의 기운으로 보기 때문이다.

밤에 장사하는 사람 역시 손님이 줄어들게 되고 금전 융통이 어려워진다. 뿐만 아니라 정적인 작업을 하는 사람들 역시 일에 소홀해지고 작업에 흥미를 잃게되는 운이다.

낮에 이 괘를 뽑았다면 다가오는 난관을 극복할 희망이 있다.

이 괘를 뽑은 사람은 현재에는 아무런 문제가 없을지 모른다. 하지만 머지않아 어려운 시기가 찾아오게 되므로 대비를 해야 하는 운이다. 사람은 누구나 지금이 중요하지만 미래 또한 현재보다 중요한 법이다. 풍족할 때 행복할 때 주위를 잘 둘러보는 지혜를 길러야 할 것이다.

밥은 한 공기인데 숟가락은 여러 개

여기에서 밥이란 일에 대한 결실, 소득을 의미하고 숟가락이란 분배를 의미하니 소득은 적은데 분배해야 할 곳이 많으니 궁핍함을 의미한다.

모든 것이 뿔뿔이 흩어지고 깨어지는 형상으로, 수입보다 지출이 현저히 많아지고 내 것을 남에게 빼앗기는 형사이니 실물, 도적수에도 유의해야 한다.

사업적인 면에는 공동투자나 동업은 절대 금물이며 이미 공동투자나 동업을 하고 있는 상태라면 빨리 정리하는 것이 바람직하다. 종업원의 숫자를 줄이는 것도 필요하다.

애정문제에서는 상대가 이성관계가 복잡하다. 내 남편을 다른 여자에게 빼앗기는 일을 당하거나 가정을 가진 사람과 밀애를 나누게 되니 가정파탄의 우려가 있다. 각별히 주의해야 한다.

이 괘는 특히 지출에 신경을 써야 하는 것을 암시하므로 사업이나 장사를 하는 사람은 특히 신경을 곤두세워야 하는 운이다. 적자폭이 커지며 운영이 어려워지는 시기이다.

이 운은 자신의 것을 남과 나눠 가져야 하는 운으로 결국 적은 것을 나눠 가지게 되므로 자신의 몫은 없어지는 것과 같은 운이다. 이 괘를 뽑는 시기에 부도를 내는 사업자가 많고 자금조달이 어려워 고생하는 사람도 많다.

또한 이 시기에는 가정에도 어려운 일이 많이 발생한다. 가족간의 어려운 일이 발생하여 자신이 금전적인 면을 부담해야 하는 상황이 도래하는데 주로 부모형제의 금전사고를 책임지거나 갑작스런 일로 부모형제나 친지에게 금전적인 면을 도와주어야 하는 경우가 발생하는 등 금전적인 면으로 걱정하고 고민하는 일이 많아지는 시기이며 친인척간의 재산권 다툼이 생겨 소송을 하는 경우도 발생한다. 이러한 소송의 경우 자신에게 불리한 결과를 가져온다.

한편 이 시기에는 긴장과 스트레스로 인한 신경성 질환이 생기게 되는데 주로 식욕부진, 위장장애, 니코틴 의존증, 알콜 의존증, 카페인 의존증 등에도 유의해야 한다.

40.
주머니에 구멍 났다

밑 빠진 독에 물 붓는 것처럼 아무리 열정을 쏟아 일을 해도 성취되는 바가 없는 운세이다. 내 것이라 생각했던 모든 것이 내 것이되지 못하거니와 쓸모 없게 되며, 여태까지 들인 공도 수포로 돌아간다. 금전적인 면에서도 채무상태가 늘어나 메워도 메워도 끝이 없고 들어올 돈은 없는데 나갈 곳은 많으며, 남에게 빌려준 돈은 회수하기가 힘들어진다.

애정적인 면에서도 아무리 애정을 쏟아도 상대는 받아들이지 않거나 불만족스러워하고 혼자만의 짝사랑으로 끝나기 쉽고, 기혼자는 배우자의 외도로 괴로움을 겪게 된다.

밑 빠진 독은 버려야 하고 구멍 난 주머니는 꿰매야 한다. 자신에게 있어 밑 빠진 독은 무엇이고 구멍 난 주머니는 어떤 것인지를 먼저 인식하지 않고서는 결코 좋은 운을 바라지 마라.

혹여 자신이 쓸데없는 일에 혹은 전혀 가능성이 없어 보이는 일에시간과 정열과 돈을 쏟아 붓고 있지는 않은지 돌이켜 보아야 하는시기인 것이다.

물론 세상에 불가능이란 없다고 외친 사람도 있다. 하지만 현대를 사는 모든 사람들이 매일매일 얼마나 많은 불가능에 부딪히며 힘들어하는지를 보면 세상에 불가능이란 엄연히 존재한다.

"내가 할 수 있으면 너도 할 수 있어." 또는 "너도 하는데 나라고 못하겠어." 이 모두는 인간의 오만과 자만에서 오는 말들이다. 내가 할 수 있지만 남들은 할 수 없는 즉, 나니까 가능한 일이 있고. 너는 할 수 있지만 나는 하지 못하는 즉, 너니까 가능한 일이 있는 법이다.

인간은 무한하다. 그러나 각자의 능력은 생긴 모습만큼이나 다른 법이다. 이 괘를 뽑은 사람은 혹시 자신이 자신에 대한 오만과 편견을 갖고 있지 않은지 다시 한번 스스로를 검토해 보아야 할 것이다.

42.
여기서도 쿵, 저기서도 쿵, 사고 조심

살다보면 여기저기서 부딪히는 일들이 생기게 마련이다. 부딪힌다는 것은 자극이고 적당한 자극은 생활의 활력소가 되기도 한다. 그러나 여기에서 말하는 부딪힘은 생활 속의 청량음료 같은 활력소의 역할을 의미하는 것이 아니라 커다란 장애를 일으키는 것을 의미한다.

이 괘의 운세는 인간사 모든 일이 부딪히는 일만 생겨 되는 노릇이 없고 혼란스러운 시기이다. 특히 교통사고에 유의하고 남과의 시비다툼을 조심해야 한다. 급성 질환으로 병원신세를 지게 되는 일도 생기게 되므로 건강에 유의하고 스트레스 해소에 힘써야 한다.

가는 곳마다 뜻하지 않은 돌발사고가 생기고 항시 나쁜 일이 따라다니니 여행을 삼가는 것이 좋다. 애정 및 대인관계에 있어서도 의견 충돌이 심하고 다툼이 잦아 이별, 별거 등의 나쁜 암시가 있으니 되도록 자신의 주장을 강하게 내세우지 않는 것이 현명하다.

사업상 문제에 있어서도 뜻하지 않게 계약이 파기되거나 제품에 하자가 생겨 클레임이 걸리는 경우가 많고 대금 결제가 늦어지거나 상대편에서 부도를 내는 경우도 생긴다.

일반적으로 사고를 생각하면 흔히 교통사고를 가장 먼저 떠올린다. 그러나 이 괘에서의 사고는 포괄적인 의미로 해석하기 때문에 교통사고에 국한해 해석하는 오류를 범하지 않아야 한다.

이 괘는 각종 재해는 물론이고 생활에 일어나는 크고 작은 문제를 다 사고로 지칭한다. 인생은 어차피 사고의 연속이지만 이 괘를 뽑은 사람은 특히 빈번한 사고가 생긴다. 중요한 시점에 있어 꼭 어떤 문제가 발생하여 일을 그르치는 사람인 것이다. 흔히들 말하는 머피의 법칙 같은 일을 자주 당하는 사람이다.

또한 이 괘는 가정에도 항상 문제를 일으키는 괘이다. '가지 많은 나무 바람 잘날 없다' 라는 속담처럼 이 사람의 가정 역시 가지 많은 나무처럼 근심과 걱정이 떠날 날이 없다. 배우자가 문제를 일으키지 않으면 자녀가 혹은 부모나 형제가 문제를 일으켜 조금 조용한가 싶으면 또 누군가가 사건을 일으켜 골머리를 썩게 만든다.

이 괘는 관재나 소송을 함께 가지고 오는 운으로 경찰서에 들락거릴 일이 많거나 소송을 재기할 일 혹은 소송 당할 일이 발생한다. 결과는 어느 쪽이든 불리하다.

그러나 이 괘를 뽑은 사람이 경찰이나 검찰에 적을 둔 사람이면 나쁜 의미는 사라진다. 경찰이나 검찰은 매일 수없이 많은 사건과 사고를 접하며 살기 때문에 자신의 나쁜 의미는 사라지게 되는 것이다. 이 괘를 뽑은 사람이 만약 직업이나 진로에 대해 고민한다면 당연히 검찰이나 경찰공무원이 되라고 이 괘는 충고하고 있다.

42.
손발이 묶였으니 관재 조심

잘했건 잘못했건 일단은 움직임의 구속이 따른다. 손발이 묶였다는 것은 행동의 부자유를 의미하니 병이 나서 자리보전하는 일이 생기거나 남의 함정이나 중상모략에 빠지는 경우도 있거니와 하는 일마다 꼬여들고 일이 풀릴 듯하다가도 막힌다.

특히, 이 괘는 일평생 노고가 많으며 합법적이지 못하거나 남에게 내세울 수 없는 일을 하는 사람이 많다. 애정문제에 있어서는 상대방에게 구속되는 일이 점점 심해진다. 정도가 심하면 배우자나 연인이 의처증, 의부증 증세를 보이기도 한다. 혹, 간통 강간사건 등에 휘말릴 수도 있으니 행동에 신중을 기해야 할 것이다.

이 괘는 밤에 뽑았을 경우와 추운 겨울에 뽑았을 경우 흉함이 더욱 가중된다. 밤이나 추운 겨울 이 괘를 뽑았다면 커다란 사건에 연루되어 수감되는 경우도 발생하고 재해나 사고로 인하여 불구가 되기도 한다.

여자가 이 괘를 뽑은 경우는 남편에게 구속당하여 사는데 의처증이 있는 남편 때문에 고생한다. 그렇지 않은 경우에는 시댁 식구들과 사이가 나빠 늘 속상해 하며 고부간의 갈등이 커진다.

남자의 경우는 아내의 바가지로 스트레스를 많이 받게 된다. 귀가 시간이 조금만 늦어도 어디에서 무얼 했는지 조목조목 따지고 들고 늘 남편의 지갑이나 수첩 등을 몰래 훔쳐보거나 뒷조사를 하고 수시로 어디에 있는지 전화하고 확인하여 남편이 사회생활을 하는데 지장을 초래한다.

이 괘를 뽑은 사람은 대체로 심리상태가 불안정한 경우가 많다. 항상 무엇엔가 쫓기는 듯하고 무엇을 해도 즐겁지가 않으며 어디엔가 분명 다른 삶이 자신을 기다리고 있는데 가지 못하는 것 같아 불안해한다. 마치 바늘방석에 앉아 있는 사람처럼 안절부절못하며 삶에 의욕이 없는 사람이 많다. 심한 경우에는 심리치료를 받는 경우도 많으며 특히 여자의 경우 노이로제 증세를 보이기도 한다.

이 사람은 가정에서도 마치 모두들 얼어 있는 사람들처럼 차갑고 냉정한 분위기에서 살게 된다. 모두들 대화를 기피하고 혹여 대화를 하더라도 결국엔 싸움으로 끝이 난다. 심한 경우는 자녀들이 가출하는 경우도 생기고 폭력가정이 되기도 한다.

이 괘를 뽑은 사람은 사회나 가정에서 모두 애정이 없는 생활을 하기 쉽고 신체나 마음의 불구가 되어 살아가기 쉬우므로 각별히 유의해야 한다.

결혼을 전제로 연애를 하는 사람이 이 괘를 뽑았다면 다시 한번 생각하는 것이 좋다. 이 괘는 애정문제 특히 결혼 문제에 있어서는 아주 치명적일 수 있다. 만약, 이 괘를 뽑은 사람이 결혼을 생각하는 연인이 있다면 상대를 치밀하게 관찰해야 할 것이다. 의처증이나 의부증의 소지가 없는지, 폭력적이거나 자신을 배려하는 마음이 미약하지 않은지 잘 관찰하여 결정해야 한다. 괜한 질투나 의심을 갖거나 사소한 일에 화를 내는 사람이라면 정리하는 것이 좋을 것이다.

43.
물에 빠져 허우적거리는 형상

대부분 물에 빠지면 빠져 나오려고 허우적거린다. 허우적거리면 점점 더 가라앉게 되고 가만히 있으면 물에 뜨게 된다는 것을 모르는 사람이 없을 테지만 막상 물에 빠지게 되면 그런 이론적인 것은 까마득히 잊게 된다. 그것은 침착하지 못하고 당황하기 때문이다. 이 괘에서 시사하는 바는 바로 물에 빠진 것과 같은 상황에서의 대처방안이다.

이 괘를 뽑은 사람은 아주 극한 상황에 처해 한시가 급한 사람이다. 그렇지만 허둥거리거나 당황하지 말고, 급하게 서두르지도 말아야 한다. 아무리 혼자의 힘으로 해결하기 힘든 상황이라 해도 정신을 가다듬고 기다려야 한다. 물에 빠진 사람을 구하려고 물에 뛰어든 사람까지 함께 죽는 경우가 허다한데 이유는 물에 빠진 사람이 조급한 마음에 무조건 구조자를 붙들고 늘어지기 때문이다.

그러니 이 괘를 뽑은 사람 역시 누군가에게 도움을 구할 때 가장 신중을 기해야 한다. 자신의 욕심과 조급함으로 인해 조력자까지 위험에 빠트릴 우려가 있음을 유념하라. 또, 이 괘는 물과 관련이 깊은 사람에게 잘 나오는 괘로 물과 관련된 업종의 일이 자신에게 이롭지 못하거나 집안에 물에 빠져 죽은 사람이 있는 경우에는 필히 그 영혼을 위로해주어야 한다. 이 괘를 뽑은 사람은 남녀노소를 불구하고 물을 조심해야 한다.

이 괘를 뽑은 사람은 되도록 물과 관련된 직업이나 사업은 하지 않는 것이 좋다.

사업상에는 여러 가지로 어려움이 발생하는 시기로 수습을 하려고 노력한다는 것이 오히려 일을 더 어렵게 만들어 놓는 경우가 많다.

애정문제에 있어서도 한참 상대에게 빠져 있어 앞뒤를 가리지 않고 행동하는 시기이다. 이 시기에는 자신의 처지도 망각해 지키지 못할 약속을 하거나 책임지지 못할 행동을 하여 상대나 자신에게 상처를 안길 수도 있으므로 유의해야 한다.

금전적인 면에 있어서도 자신의 분수를 모르고 함부로 돈을 써 나중에 후회할 일이 발생하게 된다. 유흥에 빠지거나 도박에 손을 대는 경우도 있고 빚을 내어 유흥비로 쓰거나 카드를 너무 많이 사용해 신용불량 거래자가 되기도 하는 시기이므로 정신을 바짝 차려야 한다.

이 괘를 뽑은 사람은 평소 행동이 앞뒤가 없는 경우가 많다. 모든 일에 처신을 제대로 하지 못하여 주변을 어지럽게 만들고 일을 벌이기는 잘하지만 수습은 전혀 하지 못하는 경우가 많고, 좋은 일이건 나쁜 일이건 시작은 있으나 끝이 없다. 자신의 일에 대해 책임감이 적고 큰소리는 잘하지만 남들이 보아선 불안정하다.

44.
빈방에 홀로 누우니 독수공방

　아무도 도와주는 이가 없으니 대부분 자수성가의 운이며 남녀 모두 독신이 이롭다. 어려움에 처해 있을 때도 스스로 문제를 해결해야 하며 남에게 도움을 청하면 오히려 자신이 더 누추해질 뿐이니 혼자 해결하라. 이 괘의 운세는 혼자서도 해결할 수 있는 어려움이다.

　사업이나 금전적인 부분에 있어 동업은 금물이다. 금전문제로 다툼이 생기는 시기이고 혼자 쓰기에도 모자라는 형편이니 동업은 조만간 파탄의 지경이 오게 된다. 단독사업은 오히려 날이 갈수록 번창하지만 주식이나 증권에 투자하는 것은 나쁘다.

　애정문제는 배필이 아니다. 기혼자의 경우는 별거, 이혼, 생사이별의 의미가 있고 연인은 이별할 운세이다. 그러나 멀리 떨어져 있거나 주말부부, 출장이 잦은 부부의 경우에는 그 흉함이 줄어든다.

　이 괘를 뽑은 사람은 외로운 사람이다. 주변에 사람이 적고 혹은 많다해도 마음을 터놓을 만한 사람이 없는 경우가 많다. 때로 외로움이나 고독함을 즐기는 사람도 있으니 홀로 여행하기를 좋아하고 혼자 일하는 것을 좋아하며 기이한 행동을 하는 사람이 많지만 남에게 피해를 주거나 상처를 주는 일은 체질적으로 못하는 사람이다. 주로 글을 쓰거나 예술가(혼자 하는 작업의) 등이 많다.

이 괘는 남자도 그렇지만 특히 여자의 경우 독신으로 지내거나 혼기를 놓쳐 결혼이 어려워지는 경우가 많다. 남자의 경우는 초혼에 실패하고 재혼을 하거나 본처를 두고도 첩을 얻어 사는 경우도 있다.

이 괘를 뽑은 사람의 가정은 자칫 너무 개인주의적인 성향이 짙어 가족간에 한 집에 살면서도 서로가 들어가는지 나오는지도 모르고 살기 쉽고 서로간의 대화가 없으며 식사마저 함께 하기 힘든 경우가 많다. 또한 이 괘를 뽑은 사람은 초년에 부모와 떨어져 살거나 타향 객지에 홀로 나와 사는 경우도 있다.

애정면에 있어 문제가 되는 것은 애정을 주고받는 것을 잘 못해 상대편의 오해를 사기도 한다. 즉 애정표현을 쑥스럽게 생각해 속으로는 깊은 사랑을 느끼지만 겉으로 표현할 줄을 모르고 상대편이 애정표현을 하는 것도 잘 받아들이지 못한다. 또한 이 괘를 뽑는 사람은 배우자의 질병으로 인해 고역을 겪기도 한다.

45.
물레방앗간에 남녀가 몰래 만나니
필경 바르지 못한 만남이라

옛날 남녀가 유별했던 시절 물레방앗간은 밀회의 장소로 이용되기도 했다. 남녀가 만나는 것이 잘못된 것은 아니지만 그 시대 사회규범으로는 허용되지 않는 일이었다. 물레방앗간의 원래 용도가 데이트 장소가 아닌데 다른 용도로 사용되듯 이 괘는 사회규범에 어긋나는 행동이나 어떤 일을 하고자 할 때 적당한 때와 장소가 아닌 것을 시사한다.

그러므로 이 괘는 필시 바르지 못한 형상을 의미하니 남모를 비밀이나 남부끄러운 일을 하나니 불법적이거나 비도덕적인 행위나 직업, 사업을 하는 지라 본인의 잘못을 뉘우치고 각성하라는 암시가 있다. 애정적인 면에서도 아름답지 못한 만남이니 계속되면 망신이 따르고 패가할 일이니 중단해야 한다.

사업적인 면에서도 합법적이지 않은 사업인 처음은 좋으나 끝이 나쁘다. 법률위반으로 구속되거나 수사선망에 오르는 일도 있으니 주의해야 하고 대체로 망신살이 따르니 행동을 단정히 함이 옳으리라.

이 괘는 밤에 뽑았을 경우 그 흉함이 가중된다. 이 괘를 뽑는 사람은 아주 중요한 일을 결정지으려 하는 사람일 수도 있다. 인생에 있어 커다란 문제에 부딪혀 고민하거나 자신의 진로 방향을 정하는 시기이기도 하다.

대부분 갈등의 시기보다 자신은 이미 마음의 결정을 내려놓고 괘를 뽑는 경우가 많은 괘이다. 그러나 이 시기에 내리는 결정은 자칫 잘못된 결정을 내리기 쉬우므로 다시 한번 생각해야 한다. 그 결정은 분명 자신의 인생에 있어 커다란 오류를 범하는 결정이니 반드시 훗날 후회할 일이 생기게 된다. 심사숙고해야 할 것이다.

이 괘는 부부지간에도 나쁜 의미를 지니고 있는 괘상이다. 배우자와의 불화가 심해지는 시기로 갈등의 골이 깊게 패는 시기이기도 하다. 대부분 배우자의 주색잡기 즉, 외도나 술 도박 오락에 빠져 가정을 돌보지 않는 데서 오는 불화가 심해져 결국에는 이별을 생각하기도 한다.

그러나 이 경우 이별이 능사가 아니다. 이런 경우 자신의 배우자를 몰아 세우거나 바가지를 긁거나 해서는 안되며 예전보다 더욱 애정을 갖고 제자리로 돌아오게 노력하는 것이 현명한 처사이다.

46.
약그릇을 들고 앉았으니 몸 수가 사나우리

이 괘는 질병을 예고한다. 육체의 병뿐 아니라 마음의 병에도 유의해야한다. 육체의 병은 의료기술의 발달로 얼마든 치료가 가능하지만 마음의 병은 아무리 과학이 발달해도 치유하기가 힘들다.

이 괘를 뽑은 사람은 대체로 건강이 나쁜 사람이다. 쉽게 피로해하고 잘 지치며 잔병치레가 많다. 흔히들 말하는 몸이 약한 사람이다. 그러므로 폭음, 폭식을 하지 말고 운동을 하는 것이 좋다. 특히지금은 질병에 걸리기 쉬운 때이니 더욱 건강에 유의해야한다.

또, 이 괘는 정신적인 빈곤의 상태를 나타내기도 한다. 아무리 노력해도 자신의 목표에 도달하지 못해 괴로워하거나 우울증 증세를보이며 자신에 대한 원망이 커져가는 시기이니 위로 받을 곳이 필요한 상태이다. 휴식을 취하거나 가까운 곳으로 잠시 여행을 다녀오는것도 좋은 방법이다.

이 시기에는 몸과 마음이 다 무거우니 일에도 장애가 많아진다. 대체로 마음이 건강하지 못하면 몸도 건강하지 못하고 몸이 건강하지 못하면 운도 건강하지 못한 법이다.

임신 중에 이 괘를 뽑았다면 굉장히 신경을 써야 한다. 산모뿐만 아니라 태아에게 좋지 않은 영향을 끼치거나 갑자기 유산되는 경우도 발생한다. 특히 임신 중에 얻은 질환이 평생을 가는 수도 있으므로 많이 주의해야 할 것이다.

사업을 하는 사람은 사업의 스타일을 변경할 필요가 있다. 인사관계에 손을 대거나 거래선을 바꾸는 등의 조치가 필요한 때이다. 분명 문제가 되는 부분이 있으니 더 늦기 전에 문제라고 생각하는 부분을 보안하는 것이 현명하다.

금전적인 면은 지출은 많아지고 수입은 줄어드는 악순환이 계속되는 시기이다. 특히 하루하루 벌어 생활하는 사람은 더욱 어려운 시기이므로 최대한 지출을 줄여 나가야 하는 시기이다.

그러나 이 괘는 의사, 약사, 간호사에게는 나쁜 의미가 줄어들고 오히려 그 방면에서는 실력을 인정받은 괘상이다. 그러므로 이 괘를 뽑은 사람이 자신의 진로를 결정지어야 하는 시기에 있는 사람이라면 의학계통으로 진로를 정한다면 인생사에 문제가 줄어들 것이다.

47.
몸져누웠는데 돌봐주는 이가 없다

이 괘는 육체적 정신적으로 피곤한 상황을 암시한다. 매사에 지치고 피곤한 상황이라 생활에 활력소가 필요한 때이고, 모든 일이 악한 상황이라 막막해 도움이 필요한 상황이다.

즉 사람의 몸과 마음만 지쳐 있는 것이 아니라 운세도 지쳐 있다. 이럴 때는 당분간 휴식을 취하는 것이 옳다. 안되는 일에 너무 매달리는 것은 본인뿐 아니라 주변을 다 힘들게 할 뿐이다. 추진하거나 진행중인 일을 잠시 중단하는 것이 옳다. 휴식을 취하며 다른 방향을 모색하라.

애정문제는 미·기혼을 불구하고 이별이나 불화의 골이 깊어진 상황이다.

이 괘는 병자에게도 나오는 괘상이니 건강한 사람이라도 이 괘를 뽑았을 때는 병원에 검진을 받는 것이 좋고 정기검진을 하도록 한다. 이미 병을 앓고 있는 사람이 이 괘를 뽑았다면 호전될 가망이 없다.

이 괘는 앞의 46번 괘보다 더 흉함을 암시한다. 만약 46번의 괘와 이 괘가 함께 나왔다면 심각한 병을 앓거나 갑자기 사망하는 경우도 발생하므로 유의해야 한다.

사업적인 면에 있어서도 이미 허물어질 대로 다 허물어진 경우라 재생의 기미가 없어 보이고 도움 받을 곳도 없는 상황이다. 대부분 부도처리 되거나 도산하는 경우가 많다. 금전적인 부분 역시 이미 많은 빚에 허덕이는 경우가 많고 더 이상 빚을 얻을 곳도 없는 상황인 경우도 많다.

이 괘 역시 앞의 46번처럼 의학계통의 사람에게는 오히려 길한 괘이다.

많은 사람이 모여 앉아 곡을 하니 흉조

이 괘에서의 많은 사람은 조직체를 의미하기도 한다. 곡이란 슬픔을 의미하니 이 괘에서는 개인뿐 아니라 조직체를 이루는 구성인들이 다 흉함을 의미한다. 특히 이 시기에는 주식투자를 하거나 단체여행 등은 삼가는 것이 좋다.

또 평생 운을 알고자 하는 이가 이 괘를 뽑았다면 일평생 주식투자를 삼가고 단체여행을 피할 것이며 주식회사를 운영하거나 종업원을 많이 거느려야하는 사업 등은 하지 않는 것이 좋고 체인망으로 연결된 사업이나 점포를 하지 않는 것이 좋다.

가족도 하나의 작은 조직체이니 이 괘는 가정의 우환을 암시하기도 한다. 특히 병자가 있는 집안이나 노부모를 모시는 집은 각별히 신경을 써야 한다.

이 시기에는 많은 사람을 상대하거나 여럿이 모여하는 일은 불길하고 특히 주식회사 등은 부도의 위험이 따르며 증권 주식투자를 한 사람은 손해를 많이 보게되고 직장인은 감원대상이 되기도 한다.

이 괘 역시 46번이나 47번의 괘와 함께 뽑았을 경우 아주 흉해 갑자기 중병을 앓거나 사망하는 수가 생기고 자신이 아니라도 주변의 아주 가까운 사람이 변을 당하는 경우가 발생한다.

이 시기에는 남의 병 문안이나 상갓집 방문은 되도록 하지 않는 것이 좋다. 자칫 잘못 병 문안이나 문상을 다녀와 나쁜 일이 발생할 수도 있으니 유의해야 한다.

이 괘를 뽑은 사람은 되도록 일생동안 많은 사람이 모여 하는 일은 하지 않는 것이 좋다. 조직체를 구성하는 것은 물론이요, 조직의 구성원이 되는 것도 바람직하지 못하다. 아무리 자신의 재능이 뛰어나도 인정받기 힘들고 능력에 걸맞은 대우를 받지 못하기 때문에 자그마한 장사를 하거나 프리랜서로 일하는 것이 오히려 유리하다.

49.
유리그릇이 깨어지니 모든 것이 허사로다

유리는 그 빛깔이 맑고 투명해 보는 이로 하여금 갖고 싶은 욕망을 불러일으킨다. 다른 그릇에 비해 내용물이 훤히 들여다보이고 무엇을 담아도 내용물이 뚜렷이 보이기 때문에 누구든 유리를 좋아한다. 또, 잘 가공된 유리제품은 장식용으로도 널리 애용된다. 하지만 유리는 잘 깨지는 특성 때문에 실용적이지는 못하다.

그러므로 이 괘에서는 처음부터 불안해하던 일이나 겉보기에는 좋으나 실속 없는 일 언제 깨질지 몰라 마음 조리는 일 등을 암시한다. 이 괘를 뽑은 사람은 공들인 모든 것이나 계획한 모든 일이 수포로 돌아가는 형상이니 매사 불안한 시기에 놓인 사람이다. 특히 48번과 같은 괘가 함께 나오면 사망자가 생길 수 있으니 여행 등은 삼가는 것이 좋다.

또한 이 괘는 영혼의 흩어짐, 내적 갈등, 정서적 불안 등의 운이며 감각과 감정이 불안정한 시기이므로 정신질환이나 우울증에 시달리기 쉬우니 영혼의 강건을 위해 신앙생활을 하거나 정신과 상담이나 카운셀링을 받는 것이 좋다.
간혹 이 괘를 뽑은 사람 중에는 악령에 시달리는 경우도 있으니 이 경우에는 전문가와 상담하는 것이 현명하다.

이 괘는 남성보다 여성에게 더 불리한 괘상이다. 여성은 남성보다 감수성이 예민하기 때문에 어떤 일에도 상처가 큰 법이기 때문이다. 남자의 경우 이 괘는 다시 재기하려는 오기를 심어주기도 하지만 여자의 경우는 대부분 모든 것을 포기해 버리는 암시가 강하다.

애정문제에 있어 이 괘는 현재 아무리 좋은 관계에 있다 해도 결국에는 파경에 이른다. 처음부터 이 관계는 겉보기에는 이상적이고 아름답게 보이지만 실제는 허상에 불과하고 서로가 내실이 없는 관계이다.

사업적인 면에서도 겉보기에는 멀쩡해 보이는 사업이나 실속이 전혀 없고 위험부담이 너무 큰 경우가 많다.

이 사람의 가정 역시 언제 깨어질지 모르는 유리그릇 같이 위태위태한 상황의 연속이다.

조상이 보호하니 그 음덕으로 살아가리라

모든 사람은 조상이 있게 마련이다. 뿌리 없는 나무가 없듯이 우리는 어느 날 갑자기 하늘에서 뚝 떨어진 것이 아니라 아주 오랜 옛날 우리의 선조로부터 뼈와 살은 물론이고 정신도 이어 받아 온 것이다.

이렇듯 너도나도 다들 조상이 있으나, 어떤 이는 조상의 가피(加被)를 얻어 승승장구하고 또 어떤 이는 조상의 가피가 없어 막힘이 많으니 이 괘를 얻은 이는 어디서 무얼 하건 항상 조상이 보호하고 살펴주니 최악의 상태는 모면하게 되고, 어떤 힘들고 어려운 상황도 꼭 해결되고 빠져나가게 된다.

조상의 음덕을 입는 사람이나 그렇지 않은 사람이나 우리는 조상을 잘 공양해야 한다. 이는 살아 계시는 부모님에게 효를 행하듯 조상에게도 효를 행해야 한다.

조상은 바로 자신의 뿌리가 된다. 예전에는 혼례를 앞두고 그 가문을 살피었다. 그 의미는 부의 척도를 살핀 것이 아니라 그 가문의 조상님들의 행적을 살피는 것으로 좋은 조상을 둔 가문이 좋은 가문이고 그런 가문의 자손은 훌륭하다고 믿었기 때문이다.

흔히들 사람의 됨됨이를 이야기할 때 근본이 있고 없고를 이야기하는데 이는 바로 조상을 두고 하는 이야기다. 즉 우리가 잘못된 언행을 할 때는 부모님뿐 아니라 조상님들까지 욕되게 하는 것임을 잊지 말아야 할 일이다.

흔히 요즘 가문을 볼 때 부의 척도가 좋고 나쁜 가문인 것처럼 여기지만 가문의 좋고 나쁨은 조상들의 행로로 가늠하는 것이니, 자손들이 좋은 가문의 자손이 되게 하기 위해선 바로 우리 자신의 행적이 중요함을 잊지 말아야 한다.

어떤 종교에선 제사를 지내게 하지 못하는 경우가 있다고 들었는데, 특정 종교를 나무라는 것은 아니지만 종교도 우리네 정서에 맞아야 한다. 간혹 제사를 모시기 싫어 어느 종교를 믿는다는 젊은 사람들을 보았다. 얼마나 어처구니없는 일인가.

제사는 종교교리에 어긋나지만 그 종교 나름대로 조상을 위한 기도를 행한다고는 들었으니 그 종교에서도 조상을 무시하라고 하지는 않는 것이 아닌가. 아무튼 조상을 공경하는 것은 어쩌면 의무이자 도리이리라. 이 괘에서는 어떤 의미에서든 조상을 잘 공경할 것을 충고하고 있는 것이다.

51.
청춘 원혼귀가 따라다니니
하는 일마다 힘들도다

사람이 세상에 와서 명과 복을 다 누리고 가더라도 못다 한 일에 대해 미련이 남는 법이다. 아무리 살아도 항상 아쉬움이 따르는 것이 인생사인데 제대로 살아 보지도 못하고 간 영혼들이야 오죽 미련이 많겠는가. 이 괘는 세상에 왔다가 수와 복을 다 누리지 못하고 젊은 나이에 죽은 영혼의 한을 이야기한다.

인생사 육십부터라는 옛말이 있듯 환갑을 지나야 인생의 참맛을 안다고 했으니 젊은 나이에 세상을 뜨게 되면 못다 살고 못다 해본 일에 대한 미련이 남기 마련이다.

공기 중에는 수없이 많은 영혼이 떠돌고 있다. 그 중에는 나이 많은 영혼들도 간혹 있기는 하나 대부분이 환갑을 넘기지 못하고 죽은 영혼이 많으며 아주 꽃다운 나이의 영혼들도 있다.

이 괘에서 문제 삼는 영혼은 그들 중에서도 결혼을 못했거나 제대로 가정을 꾸려 보지도 못하고 죽은 영혼의 한을 이야기한다.
결혼한 지 얼마지 않아 신혼의 단꿈에 젖어 있을 때 죽은 영혼이나 아이를 낳고 살았어도 정식으로 사모관대를 못 써본 영혼들도 이에 해당된다.

이런 영혼이 접근하게 되면 대부분 결혼을 하기 힘들고 결혼을 하더라도 부부지간의 생사이별을 하게되는 경우가 많다. 이 영혼들은 어떻게든 사람으로 누리지 못한 행복을 느끼고 싶어하기 때문에 자손들 사이에 끼여들어 자신이 누리지 못한 행복을 누리고자 애를 쓴다 장난으로 던진 돌에 개구리가 맞아 죽듯 자신들은 악의 없이 인간들 사이에 끼여들지만 인간사에 영혼이 끼여들면 인간들은 괴로울 뿐이다.

그래서 이 괘를 뽑은 이는 결혼생활에 문제가 발생한다. 부부지간에 다툼이 많아지게 되거나 불평 불만이 많아져 이혼하는 경우가 많고 배우자가 질병으로 오래 병석에 있게 되든지 병이나 불의의 사고로 세상을 버리게 되는 경우가 많고 서로 사랑하는 연인 사이라 하더라도 여러 가지 이유로 결혼이 힘들어지게 된다. 심한 경우는 직장생활이나 하는 일도 꼬여들어 사회 생활에도 문제가 생기게 된다.

그러므로 이 괘를 뽑은 사람은 자신의 조상 중 그런 청춘 원혼귀가 있는지를 먼저 살펴야 한다. 그래서 그런 영혼이 있다면 그 영혼을 위해 기도하거나 천도제를 올려 한을 풀어주는 것이 옳으리라.

52.
한 남자가 두 여자를 거느리는 형상

한 남자가 두 여자를 거느린다는 것은 음양의 조화가 깨어진 것을 의미한다. 이는 주로 사람과 사람 사이의 조화가 깨어지는 것을 의미하니 이 시기에는 남과의 다툼이 많아지고 아무 것도 아닌 일로 시비다툼을 하게 되니 대인관계를 신경 써야 할 때이다.

질투, 암투, 시기, 구설 등의 암시가 있으니 직장생활이나 사회생활에서 자신을 시기하는 이가 생기게 되고, 그로 인해 괜한 구설과 소문에 휘말리게 되는 때이다. 사업을 하는 이는 거래선이 딴 마음을 갖게 되므로 유의해야 한다.

애정 문제에 있어서는 연인이 바람둥이거나 삼각관계에 빠지기 쉽고 기혼자의 경우는 배우자나 자신이 외도할 가능성이 높다.

이 괘를 뽑은 이는 마음의 갈등이 많은 사람이다. 동시에 두마음을 갖거나 두 가지 일을 한꺼번에 행하려는 습성이 있어 한가지 일도 제대로 못해 내는 경우가 많으니, 무엇이든 욕심을 버리고 하나씩 처리하는 습관을 길러야 한다.

대인 관계에 있어서도 너무 튀거나 앞서가지 않아야 남의 질투나 시기가 사라지니 어떤 일이건 한 걸음 물러서서 처리하라.

아무리 똑똑하고 세련된 언동으로 주변사람들의 사랑을 받아도 한 두 사람이 시기하고 질투하여 엉뚱한 소문을 퍼뜨리게 되면 여러모로 어려운 일이 발생하게 되니, 혹여 주변에 자신으로 인해 마음 상해 있는 사람이 없는가를 살펴보는 것도 좋을 것이다.

이 괘를 뽑은 사람은 남녀 모두 유흥업이나 다단계 판매, 학습지 강사 등이 많다. 이러한 직업은 나쁜 의미를 감소시키고 유흥업의 경우에는 의외로 크게 발전하는 경우도 있다.

그러나 누구를 불문하고 가정적으로는 어두운 면이 많은 사람이다. 자신의 경우가 아니라도 선조에서부터 첩을 많이 거느리거나 아내가 둘인 경우가 있어 제사상에 밥이 세 그릇이 오르는 경우가 많고, 특히 남자의 경우 그 의미가 더욱 강해 첩을 두거나 본처와 생사이별을 겪고 재혼하는 경우가 많다.

대부분 이 괘를 뽑은 사람은 항상 능력 이상의 일을 하려 해서 어려움을 겪는 경우가 많다. 만족할 줄 모르는 성품 때문에 자신에 대해서 뿐만 아니라 가족이나 가까운 사람에게서도 만족하지 못하고 더 많은 애정을 요구하거나 더 많은 일을 해내길 바란다.

그로 인해 주변을 힘들게 하는 것이 특징이지만 정작 자신은 절대 욕심이 없는 사람이라 외치며 자기 자신에 대해 제대로 인식하지 못하는 경우도 많다.

자식이 많아도 뿔뿔이 흩어지고
두 어머니를 모시게 된다

농경사회에 있어서 자식은 곧 소득과 관계가 있었다. 그 시대는 농업위주의 사회이니 농사일에는 많은 손이 필요했고, 자식이 태어나 자라면 바로 일손이 되고 그 일손으로 인해 그만큼 소득이 늘어났으니, 당연한 일이다.

이 괘에서 말하는 자식은 소득을 의미하고 두 어머니를 모시게 된다는 것은 인생사의 슬픔과 혼란을 의미한다. 그러므로 이 괘를 뽑은 사람은 아무리 많은 돈을 벌어도 자신의 것이 되지 못하고 금전으로 인해 혼란을 야기하거나 서러움을 겪게 된다.

또한 가정의 우환이 있을 암시이니 가정파탄의 형국을 도래하게 되니 부모 형제의 정이 없고 의지하지 못하여 생사이별이 있게 되므로 밖의 일도 어려워진다.

애정문제는 이별이 찾아오는 시기이므로 연인사이의 사소한 다툼을 유의해야 하고 기혼자의 경우도 생사이별의 암시가 있으니 유의하라.

사업을 하는 사람이 이 괘를 뽑았다면 종업원의 수를 줄여야 할 필요가 있다. 필요없이 많은 사람을 고용하여 오히려 일의 능률을 떨어뜨리는 경우가 생기거나 매출의 감소에도 불구하고 인원 감축을 하지 않아 어려움을 겪기도 한다.

이 괘를 뽑은 사람은 되도록 종업원을 많이 필요로 하는 업종의 일은 하지 않는 것이 좋다. 종업원을 한두 명 정도 거느리고 하는 일이나 종업원이 필요 없는 소규모의 장사를 하는 것이 몸은 고되더라도 문제가 적고 이윤이 많이 남는다.

이 시기에는 뜻하지 않게 돈을 써야 할 일이 발생하게 되고 쓴 흔적도 없이 돈이 새 나가는 일도 있을 수 있으며 실물 도적수가 있으니 유의해야 한다. 또 이 시기에는 남의 입에 오르내릴 일이 발생하는데 하지도 않은 일을 덮어쓰는 경우도 있고, 아무리 곤란한 경우를 당해도 자신의 편에 서주는 사람이 없어 억울한 누명을 쓰는 경우도 있으니 조심해야 한다.

54.
한 많고 원 많은 조상들이 앞서거니 뒤서거니
둘러앉아 막힘이 많다

이 괘는 조상과 본인의 업보를 이야기한다. 인간은 누구나 세상을 살면서 알게 모르게 업을 짓는다. 좋은 업을 쌓은 사람은 죽어 저 세상에서 편안하게 살지만 그렇지 않은 이는 저승에서 자신의 업 때문에 좋은 곳으로 가지 못하고 구천을 떠돌게 되어 한이 맺히게 되고, 그 한은 자손들에게 전달되어 본의 아니게 해를 끼치게 된다.

조상을 달래는 경문에 보면 이런 글귀가 있다. "인간 세상에 태어나서 공덕 쌓으라 하였는데 무슨 공덕 쌓았느냐. 깊은 물에 배 띄우고 얕은 물에 다리 놓아 월천공덕 하였는가. 병든 사람 살려주어 활인공덕 하였는가. 배고픈 이 밥을 주어 구사공덕 하였는가. 목마른 이 물을 주어 급수공덕 하였는가. 헐벗은 이 옷을 주어 능마공덕 하였는가. 발벗은 이 신발주어 죽신공덕 하였는가. 대로변에 원두 세워 행인구제 하였는가. 높은 산에 불당지어 염불공덕 하였는가…… 남을 주고 군담하면 화산지옥으로 가고, 안 듣는데 욕설하면 토사지옥 가게되고, 부모님전 불효하면 화살지옥 가게되고, 친구간에 불복하면 마귀지옥 가게되고……."

흔히들 죽으면 모든 것이 끝나는 것처럼 생각하지만 죽음은 또 다른 시작일 뿐이다. 사는 동안에 좋은 업을 쌓지 못하고 나쁜 업만 쌓으면 위의 경에서 이야기하듯 지옥으로 가게 된다. 지옥은 따로 있는 것이 아니고 죽은 영혼이 깨달음이 없고 나쁜 업을 많이 쌓았다면 죽어서도 마음이 편하지 못하니 떠도는 그곳이 바로 지옥인데 지옥을 벗어나고 싶어도 방법을 모르기 때문에 스스로 원한만 쌓아 가는 것이다.

마음 한번 잘 먹으면 이곳이 극락이다라는 말이 있듯 죽은 영혼도 한번의 깨달음만 얻으면 극락으로 갈 수 있음에도 불구하고 살아 생전의 업보만을 생각하니 늘상 구천을 떠돌며 지옥을 되풀이하는 것이다. 그러므로 이 괘를 뽑은 사람은 되도록 죄를 짓지 않으려 노력해야 한다.

어떤 이유에서건 자신의 조상이 살아 생전 업보를 지었으니 자신만이라도 나쁜 업을 짓지 말고 조상들이 깨달음을 얻을 수 있도록 기도해야 할 일이다.

이 괘의 운세는 죽은 조상도 한이 많고 살아 있는 자손도 한이 많음을 암시하니 집안이 편안한 일이 없고 평생을 두고 좋은 날보다 힘들고 어려운 날이 많으니 얽히고 설킨 조상의 한과 원을 풀어야 할 것이다.

개운법은 현재 자신이 아무리 어려운 여건에 놓여 있더라도 남을 돕는 일을 하라. 틀림없이 좋은 일이 생길 것이다. 단, 한번에 그쳐서는 안되며 살아 평생 남을 도와야 한다. 그래야 조상의 업보뿐만 아니라 지신의 업보도 지울 수 있다.

꽃방석에 앉았으니 절로 웃음이 나는구나

이 시기는 생기가 넘치고 모든 것이 자신의 뜻대로 이루어지는 좋은 운세이다. 대부분 이 운에서는 회식이나 사교적 모임을 많이 갖게되고 수입과 지출이 균형을 이루게 되니 금전적으로도 안정되며 생활이 즐겁고 활기찬 운세이다.

대체로 남자는 한량대감 같은 세월을 보내고 여자는 편안하고 안락한 생활을 누린다는 암시가 있다. 그러나 욕심이 지나치면 화를 부르나니 현재 상황을 그대로 유지해 나가는 것이 좋다.

이 괘를 뽑은 사람은 화려하고 고급스러운 것을 선호하며 항상 밝고 명랑한 성격이며 대부분이 별걱정 없는 가정에서 사랑 받으며 자랐기에 남에게 정을 잘 베풀고 사교성도 많다. 단점은 사치나 낭비가 심할 수 있으며 특히, 이 괘를 뽑은 시기에는 사치와 낭비는 금해야 한다.

사업을 하는 사람은 호경기를 맞아 발전하는 운이며, 접대할 일이나 본인이 접대 받을 일이 많아진다.
애정문제는 서로 잘 어울리는 상대를 만나 애정이 깊어지고 기혼자는 임신, 출산 등 자식의 일로 기뻐할 일이 생긴다.

이 괘를 뽑은 사람에게 어울리는 직업은 전문 상담직이나 로비스트, 바이어 등 사람을 만나 해결하는 직종이 좋다. 이유는 이 사람은 어떤 상대든 좋은 이미지를 심어 주고 자신의 주관적인 입장을 상대에게 잘 어필시키기 때문이다.

사업상의 중요한 계약 때문에 바이어를 만나야 하는 경우는 접대를 잘해야 이루어진다. 이 경우의 접대는 주로 술집에서 해야 하고 되도록 화려한 곳으로 장소를 정하는 것이 좋다. 일반적인 식사대접 정도로 바이어가 만족하지 못하는 시기이고 접대라는 인식보다 함께 즐긴다는 인상을 심어주는 것이 좋다. 특히 해가 진 후에 이 괘를 뽑았다면 바이어를 여자가 있는 술집으로 안내하는 것이 유리하다.

겨울의 이 괘는 모든 일에 실내가 유리하다는 암시가 있다. 또한 편안하게 앉아 즐긴다는 의미가 있으니 겨울에 이 괘를 뽑은 사람은 되도록 여행을 삼가는 것이 여러모로 운을 이롭게 한다.

이 시기에 여행을 하게 되면 자신에게 중요한 일을 놓칠 수도 있다. 특히 사업을 하는 사람은 사업상의 여행이라 하더라도 시기를 늦추는 것이 좋다.

행색은 남루하나 그 언동이 범상치 않도다

많은 사람들이 겉치레에 신경을 쓰며 살아간다. 비단 외향적으로 드러나는 옷차림새뿐 아니라 행동과 말도 겉치레로 하는 경우가 많다. 물론 사회생활을 하면서 때로는 그런 겉치레가 필요하기도 하지만 아무리 그럴싸하게 포장해도 내용물이 좋지 않으면 가치가 없는 법이다. 다른 사람을 대할 때도 상대방의 겉모습이 아름답지 못하다 해서 업신여기거나 하찮게 생각해서는 안된다.

이 괘는 누구든 겉치레보다는 내면을 중요시할 것을 충고한다. 이 괘를 뽑은 사람은 겉치레에는 신경을 쓰지 않아도 알짜배기 실속파요, 현재에는 별 볼일이 없다 할지라도 장차 중요인물이 되거나 자신의 뜻을 이루나니 좋은 운세를 타고난 사람이다.

특히 어려운 시기에 이 괘가 나오면 머지않아 좋은 날이 찾아 올 것을 암시하니 용기를 잃지 말고 자신의 소신껏 행동하라.

대인관계에 있어서 이 괘는 상대가 겉보기에는 그저 그렇다 하더라도 실제로는 많은 덕이 되는 사람이니 특히 연인에 대한 괘를 뽑았을 때는 더없이 좋은 배필감이다.

가정적인 운은 현재에는 좋은 운이 아니다. 금전적으로 어려운 상황이고 겉치레에 신경 쓸 여유가 없는 가정이며 알뜰하게 살림을 하는 시기이다. 또한 워낙 외양을 중요시하지 않는 가정으로 생활에 지장을 주지 않을 정도의 수준을 유지하여 수입의 대부분을 저축하는 가정을 이루는 사람이니 남들에게 알부자 소리를 듣기도 한다.

이 괘를 뽑은 사람은 천성적으로 외모에 관심을 갖지 않는 것이 특징이다. 이는 자신뿐만 아니라 다른 사람에 대해서도 마찬가지이니 남의 옷차림이나 외모를 보고 상대를 평가하는 등의 일은 좀처럼 하지 않는다.

또한 이 사람은 정신적인 교류를 중요시하는 사람으로 모든 대인관계에 있어 정신적 교감을 무엇보다 중요시 여기므로 애정문제에 있어서도 상대의 외모보다 지적수준을 더 중요시 여기는 사람이다.

사업적인 면에서도 내실을 우선적으로 생각하므로 결코 분에 넘치는 일에 손대지 않고 사무실이나 공장, 업소의 규모는 작고 보잘것없어 보일 수는 있으나 알짜배기이다.

이 괘를 뽑은 사람은 대부분 정신적, 지적 노동을 하는 것이 좋다. 예를 들면 학자, 칼럼리스트, 프로그래머, 작가 등의 직업을 갖는 것이 좋고 언론, 출판업, 컴퓨터 프로그램 등의 사업에는 성공을 거둔다.

57.
아침바람이 향긋하니 시작이 즐겁도다

이 운세는 새로운 출발, 새로운 도약을 암시한다. 활기차고 희망이 넘치며 자신감이 생겨 무슨 일이든 하고자 하는 의욕이 강해지고, 적극적으로 추진하는 시기이다. 이는 아침이란 양의 기운이 동하는 시간이니 양은 남성적이고 활동적이라 특히 남성에게는 좋은 괘이고, 이 시기의 남성은 운세가 강한 편이다.

직장인이라면 이 시기에 일의 능률이 향상되어 모든 이에게 인정받고 승진할 기회를 잡을 수도 있으며, 사업자에게는 매출이 신장되는 시기이기도 하다.

애정문제에 있어서는 새로운 인연을 만나는 시기이다.

밤이나 저녁에 이 괘를 뽑았다면 새로 계획한 일이나 시작한 일이 얼마 가지 않아 중단되기 쉬우므로 매사 신중해야 할 것이며, 마음만 의욕에 차고 행동이 따르지 않을 수도 있으니 직장인이나 사업자 모두 게으름을 피워선 안된다.

비오는 날이나 흐린 날에 이 괘를 뽑으면 계획이나 일에 장애가 발생하기는 하나 충분히 버텨내고 이길 수 있는 것이니 크게 걱정하지 않아도 된다.

이 괘를 뽑은 사람은 대부분 밝은 성격의 소유자로 웬만해서는 실의에 빠지거나 하지 않으며 모든 사물의 밝은 면만을 보려고 애쓰는 사람이다. 대인관계에 있어서도 상대편의 장점을 찾으려 애쓰는 사람이니 간혹 사람에 대해 상처를 받는 경우도 있다.

금전적인 운은 좋은 시기이다. 특별 보너스를 받거나 임금이나 수입이 오르는 시기이므로 다소 생활에 여유가 생기는 시기이다.

대부분 이 괘를 뽑는 시기는 자신의 인생에 있어 뭔가 새로운 일을 하려는 때이므로 지금까지와는 다른 생활을 희망하는 때이다. 새로운 연인을 만나 사람은 결혼을 계획하거나 준비하게 되는 운이다. 직업으로는 유행을 창출하는 직종에 종사하는 사람은 새로운 아이디어 창출로 인정받을 수 있는 시기이다.

58.
미운 오리새끼의 형상이로다

이솝우화에 나오는 미운 오리새끼는 누구나 다 아는 이야기일 것이다. 오리 틈에 끼여 있던 백조새끼는 그 모습이 형편없어 오리들에게서 따돌림을 받지만 훗날 아름다운 백조가 된다.

이 괘는 가진 고초와 수난, 역경을 거쳐야만 자신의 운로를 제대로 갈 수 있다는 암시가 있다. 천대와 멸시 속에서도 마침내 자신의 참 진가를 보이고 대 내외로 인정받게 되니 젊은이에게는 더없이 좋은 괘이다. 중년이후에는 어려운 시기를 극복하고 성공할 운이다.

이 괘가 나타내는 현재 상황은 어렵고 힘들다. 사업을 하는 이는 자금조달로 괴로워하고 제조업을 하는 사람은 아무리 좋은 물건을 만들어도 소비자의 호응을 받기가 힘들다. 그러나 이런 문제도 시간이 흐르면 자금이 원활해지고 소비자의 호응을 받아 매출이 신장된다.

직장인은 능력을 인정받기 힘들고 심하면 감원대상이 되기도 한다. 애정문제에 있어서는 어떠한 이유에서건 사랑받지 못하는 시기이다.

하지만 이 괘에서의 나쁜 의미는 일시적인 것이므로 낙담하거나 자신을 평가절하해서는 안된다. 이럴 때일수록 더욱 용기를 가지고 자신을 사랑하고 마음을 정리해야 한다. 그렇지 못하고 현재의 어려운 상황 때문에 실의에 빠져 있으면 그만큼 운의 흐름은 느려져 좋은 운이 늦게 오게되니, 마음을 다지고 희망을 잃지 않도록 주의하라.

미운 오리새끼가 언젠가 백조가 되어 아름다운 자태를 지니게 된다는 이솝우화를 잊지 않는다면 머지않아 좋은 운을 맞게 될 것이다.

59.
가는 곳마다 웃음꽃이 피는구나

웃음에 관한 옛말은 참으로 많다. 그만큼 웃음은 우리의 인생에 많은 영향을 끼치기 때문일 것이다. 누구든 화내거나 짜증난 얼굴보다는 웃는 얼굴을 좋아하고 스스로도 많이 웃으려고 노력한다. 코미디 프로를 선호하고 유머 감각이 있는 사람이 어디서든 인기를 얻는 이유도 웃음 때문이 아닌가.

현대 사회는 별로 웃을 일이 없는 게 현실이다. 복잡한 일상에 쫓기듯 살아가는 현대인들이 TV 앞에 앉아 있는 이유는 어쩌면 인위적이지만 웃고 싶어서 일 것이다. 그를 증명하듯 시트콤이나 쇼프로에서 웃기기 대회를 하듯 경쟁하며 사람들의 웃음을 자아내고 있는 현실이며 점잖은 사람들조차 TV에 나와 웃겨보려고 애를 쓴다.

누구든 웃음을 포기할 수는 없다. 웃을 일이 많다는 것은 그만큼 삶이 즐겁다는 의미가 아닌가. 이 괘에서 시사하는 바는 웃음이 복을 준다는 아주 단순한 진리이다. 이 운세는 웃음으로 인해 만사가 잘 풀린다는 의미가 담겨 있으니 힘들고 어려운 일이 있을 때일수록 웃음을 잃지 않아야 한다는 것을 충고하고 있다.

이 괘를 뽑은 사람은 대체로 유머감각이 뛰어난 분위기 메이커이다. 그로 인해 주변에 사람이 많이 따르고 사교적인 인물이며 이 괘를 뽑는 시기에는 특히 웃을 일이 많아진다. 아침마다 거울을 보고 웃어보라. 자신의 얼굴을 보고 웃으면 왠지 모를 자신감이 생기게 된다. 그리고 그 웃는 얼굴로 하루를 시작한다면 모든 일이 즐거워지고 좋은 일들이 생기게 된다.

이 괘를 뽑은 사람은 누구든 매일 아침 일어나 거울을 보고 웃기를 일주일만 시험삼아 해보라. 거짓말처럼 좋은 일들이 생기기 시작할 것이니 이것이 이 괘를 뽑은 사람의 개운법이다. 특히, 현재 힘들고 어려운 상황에 처해 있는 사람이라면 일주일만 시도하면 어려움을 모면할 것이다.

사업이나 금전으로는 좋은 운이다. 이 시기는 사업상의 일들이 쉽게 풀리고 경제적으로도 안정되는 운이며 금전의 융통도 수월해지는 시기이다.

애정문제는 서로의 사랑이 결실을 맺는 시기이며 기혼자는 임신 출산의 기쁨이 있다. 가족사에도 부모 형제간의 화목한 시기이고 부부지간에도 서로의 신뢰와 사랑이 깊어지는 시기이며 자녀로 인한 기쁨이 있을 운이다. 이 시기는 무엇을 하든 자신에게 이로운 운이다.

해가 저무는 형상이로다

해가 저물면 하루일과를 마치고 집으로 돌아가 휴식을 취하는 것이 기본 생활 패턴이다. 그날의 일을 잘 마무리지었으면 발걸음이 가볍고, 그날의 일을 잘 마무리짓지 못한 상황이라면 부담감 때문에 집에 돌아가도 충분한 휴식을 취하지 못하게 되고 그로 인해 다음날도 피로함이 남아 있으니 일 처리가 제대로 될 리 없다.

이 괘는 모든 일이 완료되었음을 의미하고 잘됐건 잘못됐건 일단은 휴식을 취해야 함을 암시하니 하던 일에 미련을 떨쳐 버리고 충분한 휴식을 취하는 것이 옳다.

해가 저문다는 것은 운이 다했다는 것이니 당분간은 휴식하고 아침을 맞는 것이 현명하리라. 걱정이나 고민 때문에 밤잠을 설쳐 본 사람이라면 그 다음날 얼마나 피곤한지 알 것이다. 운이라는 것도 전진해야 하는 시기와 휴식해야 하는 시기, 때로는 한 걸음 후퇴하는 시기도 있다.

모든 일에는 그때에 맞는 시기가 있는 법이니 이 괘를 뽑은 사람은 짧게는 6일, 길게는 6개월이라는 기간이 필요하다. 애정문제는 서로에 대해 생각할 시간이 필요한 때이니 너무 성급하게 어떤 결론을 내리는 실수를 범하지 말아야 한다.

직장인도 휴가를 얻어 재충전하는 것이 좋으니 가까운 곳으로라도 여행을 하는 것이 좋고, 사업자도 생산라인을 늘리거나 거래선을 늘리거나 하여 고생을 사들이지 말아야 한다. 오히려 이 시기는 생산라인을 줄여야 할 형편이거나 매출이 계속 떨어지는 시기이니 욕심을 부린다고 일이 해결되지 않는다. 되도록 현재 하던 일을 접고 휴식을 취하며 새로운 일을 구상하는 것이 현명한 처사일 것이다.

이 시기에는 또 누구든 건강이 나빠지는 시기이니 각별히 유의해야 하고, 이미 병을 앓고 있는 경우라면 조용한 시골이나 공기 좋은 곳에서 요양하는 것이 좋다.

이 괘를 뽑은 사람은 늘 기운이 없어 보이기 쉽다. 행동이 느린 편이고 활발하지 못하며 소심한 성격을 가지기 쉬운 사람이고 우울증이나 신경쇠약에 걸리기 쉬운 때이니 활동적인 일을 찾는 것이 좋다.

하지만 타고난 성정 자체가 정적인 사람이기 때문에 부단히 노력하지 않으면 활동적이고 발랄해지기가 쉽지 않다. 이러한 속성 때문에 손해를 보는 일이 많음에도 쉽게 고쳐지지 않는 것은 양의 기운보다 음의 기운이 강한 특징 때문이기도 하다. 레저나 스포츠를 즐기는 것이 생활의 활력이 되거나 개운의 계기가 되기도 하니 참고하기 바란다.

61.
산전수전 다 겪었구나

삶에 대한 재미와 의욕을 상실한 상태이다. 무엇을 해도 즐겁지 않고 그렇다고 딱히 나쁜 일이 있는 것도 아니면서 자신에게 가장 필요한 것이 무엇인지도 모르는 무미건조한 생활을 하니 점점 모든 일에 흥미를 잃게되고, 현재 자신이 처해 있는 현실이 도무지 자기의 길이 아닌 듯싶어 여기저기를 기웃거리지만 어느 것도 자신이 없기는 마찬가지이니, 이 괘를 뽑은 이는 뭔가 새로운 활력소가 필요하다.

애정문제는 서로에 대해 너무 잘 아는 것이 탈이라 생각하지만 오히려 그것이 편안한 것이라는 걸 깨달아야 할 때이다. 즉 권태기를 잘 넘겨야 할 때인 것이다.

이 괘를 뽑은 사람은 누구를 불문하고 뭔가 획기적인 것을 찾는 사람이다. 그러나 획기적인 일이란 사실상 없다. 이 시기의 사람은 그 어떤 것에도 흥미를 잃은 상태이므로 자신의 노력 없이는 아무런 일도 일어나지 않는다.

대부분 이 시기에는 정신적 빈곤의 상태가 많다. 이럴 때는 아주 감동적인 영화를 한편 보는 것이 좋다. 되도록 혼자 영화관에 가서

보는 것이 효과적이다. 인간은 감정의 동물이므로 눈물이 나도록 감동적인 영화를 보게 되면 감정이 정화된다. 그로 인해 삶의 의욕이 생겨나고 자신도 모르게 마음이 다져지게 되며 좋은 운을 맞게 된다.

누누이 이야기하지만 운이란 자신의 노력 없이는 개운되지 않는다. 물론 모든 사람이 영화 한편으로 개운되지는 않지만 이 괘를 뽑은 사람에게는 영화 한편이 아주 좋은 인생의 활력소가 됨을 잊지 않기 바란다.

여자에게 있어 더 나쁜 의미를 가지는 괘상이다. 여자가 이 괘를 뽑으면 일생을 편안한 날이 없이 보내는 사람이다. 배우자와의 생사 이별이 걱정되는 사람이며 간혹 자식과도 헤어져 지내는 경우가 많다. 또한 여성이 밤에 괘를 뽑으면 화류계에 몸을 담아 보기도 하며 이 남자 저 남자를 거쳐가는 경우도 있다. 기혼 여성의 경우 밤에 이 괘를 뽑으면 남편을 두고 다른 남자의 품에 안기는 운이니 스스로 많은 절제가 필요하다.

사업적인 면은 원래 이 괘를 뽑은 사람은 규모가 큰 사업이나 장사는 좋지 못하다. 몇 번이고 실패를 거듭하면서도 성공의 문턱에 가보지 못하는 경우가 대부분이다. 금전적인 운도 역시 나빠서 항상 돈에 쪼들리는 생활을 하기 쉽고 이 괘를 뽑는 시기에는 더욱 금전운이 악화된 상태이다.

건강에 관한 운도 좋지 못하니 남자는 술로 인하여 건강을 망치는 사람이 많고 여자는 어디가 아픈지도 모르게 항상 시름시름 앓는다. 이 경우에는 병원에 가도 특별한 증세가 없으니 흔히 신경성 질환이라는 진단을 받게 된다. 고달픈 인생으로 인해 쌓인 스트레스 때문이니 나이가 들수록 심해진다.

62.
오르막을 오르는 형상

마음과 몸이 다 무거운 시기이다. 힘들고 어려운 시기임에 틀림없으나 오르막이란 항상 끝이 있기 마련이다. 즉, 머지않아 끝날 고생이니 조금만 참고 기다리면 소망하는 바를 이룰 수 있는 좋은 괘상이다.

낮에 이 괘를 뽑으면 그 동안의 노고가 빨리 결실을 맺게 된다. 밤에 이 괘를 뽑게 되면 한동안 힘든 고비를 많이 넘어야 한다. 이 괘는 어떻게든 자신이 원하는 소망사를 이룰 수 있는 괘상이니 절대 낙심하지 말고 지치고 힘들어도 포기하지 않아야 한다.

누구든 오르막을 올라가 본 경험이 있을 것이다. 그 오르막이 높으면 높을수록 막막하지만 아무리 높은 오르막도 포기하지 않으면 정상에 도달하게 된다. 또 높으면 높을수록 다 올라왔다는 성취감도 크기 마련이니 이 괘를 뽑은 사람은 어떤 어려움과 시련이 닥쳐도 좌절하지 않고 전진한다면 반드시 자신이 원하는 바를 이룰 것이다.
애정적인 면은 오르지 못할 나무라도 올라가는 형상이다. 즉, 자신에게는 버거운 상대일지라도 사랑에는 국경도 없다는 말을 발판 삼아 애정을 성사시키려고 노력하는 운이다. 이 경우에는 대부분 어려움을 이겨내고 결실을 맺게 된다.

금전적인 면은 현재의 어려움으로 미래를 대비하는 형상이니 알뜰하게 절약하여 저축하는 운이다. 이 시기의 저축은 대부분이 적금을 시작하는 운이고 이 괘를 뽑은 사람은 일반적인 저축성 예금으로는 재산증식이 어렵고 목표액을 정해 정기적금을 하는 것이 재산증식에 성공한다.

사업에 대부분 새로 시작하거나 확장하는 운으로 지금 당장의 이익이 아니라 먼 미래의 이익을 위해 투자하는 시기이다.

63.
내리막을 내려오는 형상

이 괘를 뽑은 사람의 운세는 그 동안 힘들고 어려웠던 일들이 해결되고 한숨 돌릴 운세이다. 이제는 좀 편안한 삶을 살 수 있는 시기이니 몸과 마음이 다 편안할 때이다. 그러나 실제 내리막길은 항상 조심하고 경계하며 내려와야 한다는 것을 염두에 두어야 한다.

비오는 날이나 밤에 이 괘를 뽑는다면 가세가 몰락하는 형상이니 모든 것이 그야말로 내리막을 타는 운세이다. 재산, 명예, 모두를 잃게 되니 조심해야 한다.

금전적인 운은 점점 수입이 줄고 지출이 늘어간다. 이 경우에는 그 동안의 고생으로 모아둔 저축을 표나지 않게 쓰는 운이니 계획된 지출이 아니면 돈을 쓰지 않아야 한다. 또 이 괘를 뽑은 사람은 평생 주식이나 사채놀이를 하지 않는 것이 좋다. 만약 주식이나 사채를 한다면 순식간에 재산을 다 잃는 수도 있으니 유념하기 바란다.

사업적인 면은 절대 방심해선 안된다. 이 시기에 확장하거나 새로운 사업을 시작하면 반드시 실패하게 되니 하지 말아야 하고 기존의 거래선만 유지해야지 새로운 거래선을 만들면 분명히 후회할 일이 발생하는 운이다.

애정관계는 서로에게 소홀해지는, 서서히 권태기로 접어드는 시기이다. 이때는 새로운 사람에게 마음을 돌리는 시기이다. 가정적으로도 부부지간에 의견충돌이 잦아지고 애정이 식어가는 시기이다. 또한 자녀교육에 관련된 일로 다툼이 생기기 쉬운 때이며 배우자가 가정을 소홀히 하거나 외도로 가족간의 신뢰도 약화되는 시기이다.

망망대해, 나룻배 한 척에 몸을 실었도다

　바다는 언제 어떻게 돌변할지 모르는 존재이다. 아무런 위험이 없어 보였다가 갑자기 태풍이 일어 파도가 높아지기도 하고 그런가 하면 금방 조용해지기도 해서 예로부터 바다에 나가 고기를 잡던 어선들도 용왕에 제를 올려 위험을 피하려 했다. 나룻배는 그야 말로 가까운 곳을 오가는 교통수단이다. 그런 나룻배를 타고 망망대해에 나왔으니 이는 얼마나 위험 천만한 모험인가.

　이 괘에서의 망망대해는 예측불허의 미래를 의미하고 나룻배는 소망성취를 위한 마지막 희망인 것이다. 그러므로 이 괘를 뽑은 사람은 뭔가 대단한 결정을 내려야 하거나 아슬아슬한 삶 속에 있는 사람이다.

　언제 무슨 일이 일어날 지 모르는 급박한 상황인데 대비책은 아무것도 없고 무방비 상태에서 도움 받을 곳조차 없다. 나룻배가 바다 한가운데 있다는 것은 굉장히 위험천만한 일이 아닐 수 없으니 빨리 노를 저어 육지를 찾아야 할 터. 이 괘를 뽑은 사람도 일단 현재의 위치를 빨리 벗어나는 것이 좋다.
　이 시기에는 이동이나 변화가 오히려 전환점이 되며 해외이주나 유학 등 멀리 떠날수록 자신에게 이롭다는 것을 명심하라.

비오는 날이나 바람 부는 날에 이 괘를 뽑으면 되도록 모든 것을 포기하는 것이 좋다. 특히 여름 장마철 태풍이 오는 시기에는 되도록 신속히 포기하고 정리해야 할 것이다.

밤에 이 괘를 뽑은 사람은 위험을 피하려 하다가 더 위험한 상황을 도래할 수도 있으니 함부로 행동해서는 안되니 경거망동하지 않도록 주의하고 어느 정도 시간을 갖고 처신함이 옳으리라. 또한 이 괘는 익사할 팔자에서 자주 나오는 괘이니 이 괘를 뽑은 이는 항상 물을 조심하라. 질병을 앓는 이는 쉽게 낫지 않으니 건강에 더욱 유의해야 한다. 해외로 이동하고자 하는 이가 맑은 날 이 괘를 뽑으면 이동하여 길한 운이다.

꿈이 현실로 나타나게 된다

　인간은 누구나 꿈을 꾸고 산다. 각자 다른 꿈들을 안고 살아가지만 어떤 이는 자신의 꿈을 이루고 또 어떤 이는 자신이 꿈꾸던 바와는 다른 삶을 살기도 한다. 아무리 하찮은 꿈일지라도 이루어진다면 그보다 더한 기쁨은 없을 것이다. 그래서 꿈꾸는 삶은 아름다운 것이다.

　꿈이란 인간이 세상을 살아가는 이유를 만들어 주기 때문이며 또 그 꿈을 이루기 위해 노력할 때 인생은 즐거워지는 것이다. 그래서 우리는 항상 꿈을 꾼다. 아주 사소한 것에서 평생을 거쳐 이루어야 하는 원대한 꿈까지.

　이 괘는 그것이 어떤 종류의 꿈이건 이루어질 수 있다는 것을 암시한다. 결혼을 꿈꾸는 사람, 사업이 발전하기를 원하는 사람, 취업을 준비하는 사람, 자식의 입시를 걱정하는 사람 등 그 어떤 사소한 바람이나 커다란 소망도 이룰 수 있는 시기이니 누구를 불문하고 자신이 원하는 바를 얻게 되리라.

66.
신에게 의지하지 않으면 액이 닥치나니
신께 성심으로 기도하라

운은 바야흐로 악운이 겹치는 곳으로 흘러가고 있으니 엎친 데 덮친 격으로 나쁜 일들이 발생하는데 전혀 예상치 못했던 엉뚱한 곳이나 일에서 불운이 시작된다. 이 운을 이겨내는 방법은 신에게 의지하는 것뿐인데 이는 악마가 인간을 괴롭히는 형상이라 악은 오로지 선으로써 이기는 수밖에 도리가 없다.

신은 인간을 사랑하기 때문에 인간이 악의 영향을 받아 어려움에 처해 있을 때 이를 고하면 악을 물리쳐 살길을 마련해 준다. 그러니 종교가 있는 사람은 자신이 믿는 대상에게 열심히 기도하고 종교가 없는 사람은 어떤 신이건 선신(善神)에게 기도하면 어려움을 이겨낼 수 있을 것이다.

낮에 이 괘를 뽑는다면 머지않아 힘든 고비가 오는 것을 의미한다. 미리미리 기도한다면 피해갈 수 있을 것이다. 밤에 이 괘를 뽑는다면 연속적으로 불행한 일이 벌어지는 시기이니 빨리 대처해야 할 것이다. 병자가 이 괘를 뽑는다면 의학적 소견으로는 낫기 힘든 병이니 신앙으로 이겨내는 것이 좋으리라.
금전적인 운은 점점 수입이 줄고 지출이 늘어간다. 이 경우에는 그 동안의 고생으로 모아둔 저축을 표나지 않게 쓰는 운이니 계획된 지출이 아니면 돈을 쓰지 않아야 한다. 또 이 괘를 뽑은 사람은 평생 주식이나 사채놀이를 하지 않는 것이 좋다. 만약 주식이나 사채를 한다면 순식간에 재산을 다 잃는 수도 있으니 유념하기 바란다.

사업적인 면은 절대 방심해선 안된다. 이 시기에 확장하거나 새로운 사업을 시작하면 반드시 실패하게 되니 하지 말아야 하고 기존의 거래선만 유지해야지 새로운 거래선을 만들면 분명히 후회할 일이 발생하는 운이다.

애정관계는 서로에게 소홀해지는, 서서히 권태기로 접어드는 시기이다. 이때는 새로운 사람에게 마음을 돌리는 시기이다. 가정적으로도 부부지간에 의견충돌이 잦아지고 애정이 식어가는 시기다. 또한 자녀교육에 관련된 일로 다툼이 생기기 쉬운 때이며 배우자가 가정을 소홀히 하여 가족간의 신뢰도 약화되는 시기이다.

67.
봄

봄이란 희망적이고 생동감이 넘치는 때이다. 이 괘의 운세는 봄의 기운을 의미하니 모든 것이 희망적이고 꿈에 부풀어 있는 운이며 생동적이고 활기가 넘치는 운세이니 새로운 일을 찾고 새로운 곳으로 눈길을 돌리는 시기임을 암시한다.

봄에 이 괘를 뽑는다면 운이 열리는 시기이니 무엇이건 뜻대로 마음먹은 대로 진행이 순조로운 좋은 운의 흐름으로 최길상이다.

여름에 이 괘를 뽑는다면 시작하고 출발하는 일에서 벗어나 실행에 옮기는 단계로 모든 것이 제대로 잘 돌아가고 있으니 순조로운 운세이다. 이미 시작한 일이 없으면 모든 것의 때가 늦어진다.

가을에 이 괘를 뽑았다면 희망은 멀리 있고 수확이 없는 시기이다.

겨울에 이 괘를 뽑았다면 머지않아 희망적이 일이 발생하게 되니 봄을 기다리며 인내하는 시기이다. 그러므로 되도록 어떤 계획이나 일을 시작하지 않고 봄을 기다리는 것이 좋다.

이 괘는 특히 봄에 태어난 사람에게 좋은 운을 암시한다.

여자가 이 괘를 뽑으면 누군가에게 사랑 받게 되는 운이니 연인이 없는 사람에게는 인연이 생길 운이며 어느 때보다 생기가 넘칠 시기로 누가 보아도 생기 발랄하고 사랑스러운 모습일 시기이다.

애정적인 면에서는 서로에게 사랑이라는 감정이 발생하는 시기이며 오래된 연인은 성혼의 운이니 결혼을 하지 않더라도 육체적 접촉을 갖게 되는 시기이다.

병을 앓고 있는 사람은 이 괘를 뽑은 시기에 병세에 호전을 보이고 약효가 나타나는 시기이니 머지않아 완쾌될 운이다.

사업을 하는 사람은 서서히 발전을 보이는 시기이니 그 동안 적자가 계속 되었더라도 흑자로 되돌아가며 매출의 증가나 새로운 계약 체결로 활기를 띄기 시작한다. 또 이 괘를 뽑은 사람이 새로운 일을 갖기를 희망한다면 유아나 어린이를 대상으로 하는 사업이나 장사를 구상하는 것이 좋다.

봄에는 새싹이 움트는 시기이니 어린이는 새싹에 비유되므로 어린이를 대상으로 하는 아이템은 성공하는 운이다. 금전 운 역시 좋은 시기이니 모처럼 금전의 여유를 얻게 된다. 가정적으로는 임신 출산의 운이 있다. 단, 가을에 이 괘를 뽑았을 경우는 위의 모든 길한 운이 반감된다.

여름

여름의 강렬한 태양빛처럼 아주 활발한 운세이다. 봄에 이 괘를 뽑는다면 계획하는 일이나 진행중인 일이 좋은 운때를 만나 길한 운세이다.

여름에 이 괘를 뽑는다면 너무 강한 운세는 오히려 역행하게 되니 과도하게 밀고 나가지 말아야 한다.

가을에 이 괘를 뽑는다면 수확의 의미를 지니나니 대체로 일의 결실을 맺는 때이다.

겨울에 이 괘를 뽑으면 일시 중단의 의미가 있음이니 여행이나 휴식을 통해 피곤하고 지친 운세와 운기를 회복시켜야 할 때이다.

여자의 경우 이 괘는 자칫 망신살을 가져다준다. 특히 여자가 여름에 이 괘를 뽑았을 경우에는 굉장히 유의해야 한다. 사랑하지도 않는 사람에게 몸을 허락하는 경우가 생기거나 애인이나 남편 몰래 다른 사람을 만나다가 들통나는 일도 발생하며, 괜한 구설로 남의 입에 오르내리는 경우도 발생하며 본의 아니게 자신의 결점이 남들에게 드러나 보이는 시기이니 각별히 유의해야 한다.

이 시기에 여성은 되도록 외출을 삼가고 대인관계에 있어서도 꼭 필요한 경우가 아니라면 사람을 만나지 않는 것이 좋다. 특히 평소 사이가 좋지 않은 사람이나 낯선 사람과의 대화를 삼가라.

사업적으로는 봄이나 가을에 이 괘를 뽑았을 경우에는 발전을 기대하거나 일의 결실을 맺게 되는 때이므로 남들에게 인정받게 되는 운이다. 주로 젊은 층을 대상으로 하는 업종은 모두 길한 운이다.

여름에 이 괘를 뽑은 사람의 사업 운은 무리한 확장이나 증축이 실패의 원인이 되기도 한다. 하지만 피서지나 휴양지에서 장사를 하는 사람에게는 아주 좋은 운을 가져다준다.

금전 운도 봄이나 가을에 괘를 뽑은 경우에는 좋은 운이지만 여름이나 겨울은 나쁘다. 애정적인 면은 한참 열애가 진행 중인 시기이며 서로에 대해 갈망하는 시기이다. 여름에 이 괘를 뽑는다면 육체적 접촉이 쉬워지는 시기이니 여성에게는 불리한 시기이다.

이 괘를 뽑은 사람은 대체로 열정적으로 사랑하는 사람이 많으니 사랑 앞에서는 물불을 가리지 않는 경우가 많다. 여름에 이 괘를 뽑았다면 불이 너무 강하면 빨리 꺼진다는 것을 염두에 두기 바란다.

69.
가을

모든 것이 풍성하고 풍요로운 운세이나 곧 닥쳐올 불행도 함께 대비해야 하는 시기이다. 봄이나 여름에 이 괘를 뽑았다면 인생 최대의 전성기를 맞았다고 본다. 가을이나 겨울에 이 괘를 뽑았다면 모든 것이 시들시들해져 삶의 흥미를 잃게되니 희망도 없을 시기이다.

봄이나 여름에 이 괘를 뽑은 경우 사업적인 면은 크게 성공을 거둔다. 남들은 다 불경기라 재미가 없다고 해도 이 사람은 경기를 타지 않고 일이 잘 풀리는 사람이다.

특히 이 괘는 남성에게 좋은 의미를 가지는 괘이므로 남자가 봄이나 여름에 이 괘를 뽑았다면 직장이나 사회에서 주목받는 사람이거나 성공을 거둘 사람이다.

애정적인 면에서도 사랑의 결실이 맺어지는 운이니 혼인이 성사되는 운이다. 가정적으로는 임신, 출산의 의미가 있고 집안에 혼사가 있을 운이다. 금전적으로는 그 어느 때보다 풍족하고 여유로운 시기로 경제적으로 안정을 찾는 시기이다.

가을이나 겨울에 이 괘를 뽑았다면 나쁜 의미를 갖게 된다. 특히 여성에게는 나쁜 의미가 가중된다. 가을이나 겨울에 이 괘를 뽑은 여성은 대부분 혼기를 놓친 사람이 많다. 노처녀이거나 실연당한 경우가 대부분이며 어떤 이유에서건 결혼에 실패한 경우가 많다. 남자의 경우는 일에 의욕은 가득 차 있으나 일의 능률이 오르지 않는 시기이다.

사업이나 금전운도 나쁜 시기이다. 가정적으로도 가족간에 대화가 줄어들고 각자의 일에만 관심을 갖는 시기로 애정이 식어 가는 시기이다. 이 괘를 뽑은 사람은 중장년층을 대상으로 하는 업종이 길하다.

70.
겨울

휴식을 취해야 하는 시기이니 가진 것도 희망도 없는 운기이다. 봄이나 여름에 이 괘는 일을 벌려 놓고 수습하지 못하는 시기이니 시작은 있으되 끝이 없는 상황이다.

가을이나 겨울의 이 괘는 황폐해진 운이니 사방을 아무리 둘러보아도 따뜻하게 몸을 녹일 곳이 없는 시기로, 그야말로 춥고 배고픈 운세로다.

이 괘를 뽑은 사람은 남녀를 불문하고 냉정한 사람으로 쳐다만 보아도 왠지 찬바람이 불고 쌀쌀맞아 보이는 사람이다. 실지로 주변에서 냉정한 사람이라는 평가를 받게 되는 사람으로 잔정이 없고 자상하지 못한 경우가 대부분이지만 내심은 정을 그리워하고 정에 굶주려 있는 경우가 많다.

그래서 한번 정을 쏟으면 한없이 쏟아 붓는 사람이고 누군가 자기에게 정을 주면 푹 빠져드는 사람이다. 그러한 이유로 혼자 상처받는 경우도 많으나 겉으로 내색하지 않으려 애쓰는 사람이기도 하다.

애정적인 면은 이별의 단계에 와 있거나 실연의 아픔을 아직도 겪고 있는 경우가 많다. 하지만 겨울이 가면 봄이 오는 법이니 실연의 상처를 앓은 뒤 얼마 가지 않아 반드시 새로운 인연을 만나게 된다.

사업이나 금전은 뜻대로 움직여지지 않는 시기이다. 자신의 냉철한 판단에도 불구하고 오류가 생겨 일이 지체되는 경우가 많고 거래선이 클레임을 거는 경우도 발생한다.

자본 부족의 어려움을 겪는 시기이기도 하니 한동안 심하게 고전할 운이다. 또한 이 괘를 뽑은 사람은 누구를 막론하고 신종사업은 하지 않는 것이 좋다.

가족간에는 부부지간에 다툼이 많아지고 각방을 쓰거나 별거를 하는 운이니 이별이 두려운 시기이다.

71.
사랑

모든 것에 사랑이 충만한 운세이니 현재 사랑에 빠져 있는 이에게는 그 사랑이 이루어지는 운이고 연인이 없는 이에게는 머지않아 사랑이 찾아오는 운세이다.

일이나 사업에 관한 한 운세는 자신의 일을 얼마나 사랑하는 가에 따라 그 결실이 달라지니 애정을 간진 만큼 일에 성공이 찾아온다.

이 괘를 뽑은 사람은 모든 일에 애정을 갖고 대해야 하며 남을 감싸주고 위로하는 일을 하면 평생이 편안해진다.

그러니 이 괘를 뽑은 사람은 사회봉사활동을 하거나 종교활동을 열심히 하면 일생동안 마음의 여유를 갖고 살 수 있다.

애정문제는 연인이 없는 경우 인연이 나타나는 운이니 사랑에 빠지는 괘상이다. 연인이 있는 경우는 아무런 조건 없이 사랑하는 경우로 무조건적인 사랑이거나 모든 사람의 만류에도 불구하고 사랑을 지키려고 애쓰는 경우가 많다. 이러한 경우에는 결국 사랑을 이루기는 하나 주변의 반대에 부딪혀 결혼을 하더라도 편안한 생활은 힘들다.

가정적인 부분은 사랑이 가장 큰 문제점으로 떠오른다. 배우자에게서 애정을 느끼지 못하거나 서로에 대한 사랑이 식었다는 느낌으로 인해 부부지간의 사이가 벌어지게 되므로 주의해야 한다.

특히 여자의 경우 남편에 대한 불평불만이 많아지는 시기이며 시댁식구들에 대해서도 여러 가지 갈등을 느끼게 되므로 무엇보다 사랑이 필요한 시기이다.

이 괘를 뽑은 사람은 평소 애정결핍증이 있어 주변을 피곤하게 하는 경우들이 있는데 이는 사랑을 주기보다 받기를 원하며 사랑하는 방식을 잘 이해하지 못하는 경우에 일어나는 현상이다.

어린 시절 제대로 정을 받고 살지 못해 어떤 방법으로 애정을 주는지 모르기 때문에 일어나는 일이다. 그러므로 이 괘를 뽑은 사람은 본인의 애정방식에 문제가 없는지 한번쯤 돌이켜 보는 것도 좋을 것이다.

72.
미움

모든 것에 미움이 싹트기 시작하는 운세이니 일이나 사람에게 불만이 싹트기 시작하고 심지어는 자신에게마저 너그럽지 못하다. 이 시기에는 마음의 수양을 쌓고 모든 일에 긍정적 사고로 임해야 액운을 면해가리라.

스트레스가 많이 쌓인 것이 원인이니 개인에 맞는 스트레스 해소법으로 기분전환을 하는 것도 중요한 일이며 집안의 실내분위기를 조금 바꿔보는 것도 괜찮은 방법이다.

또한 이 시기에는 가족간의 대화가 필요한 시기이니 서로에 대한 장단점을 논하거나 미래에 대한 설계를 함으로써 가족간의 신뢰를 돈독히 하는 것 또한 개운의 방법이다.

연인들 사이에서도 일종의 권태기가 찾아오게 되니 지혜롭게 대처해 나가야 할 것이다.

사업적인 운은 안팎으로 지치는 운이다. 사내에서는 노사간의 마찰이 일어나는 시기이고 사내 밖에서는 거래선의 혼잡이 예상되는 시기로, 사소한 실수로 인해 회사의 이미지와 신뢰를 실추시키게 된다. 이 시기에는 인사관리가 무엇보다도 신중히 요구되는 시기이다. 거래선과의 마찰 역시 제품 때문이기보다는 대인관계에서 오는 문제점이 발생하는 시기이니 사내 인사관계에 각별히 신경을 써야 하는 시기이다.

금전적인 문제는 모든 것이 돈 때문이라는 인식이 생겨나는 시기로 돈에 집착하거나 돈을 원망하는 일이 발생한다. 또한 채권채무 불이행으로 인한 소송시비가 우려되는 바 이 시기에 소송은 아무런 이득이 되지 않고 서로 피곤할 뿐이니 소송은 하지 않는 것이 바람직하다. 가족간에는 부모 자식간에 의견대립이 많아지고 배우자가 미워지기도 하며 시댁 식구나 처가식구가 갑자기 미워 보이는 시기이므로 좋은 면만을 보려고 노력해야 하며 가급적 대화를 많이 나누어 서로간 사소한 오해를 해소하는 것이 좋다. 골이 깊이 패이면 만회하기 힘든 법이다.

73.
증오

이 시기는 자신의 마음 때문에 모든 것을 망치는 운세이니 쓸데없는 고집과 상대에 대한 원망과 증오하는 마음이 커져 모든 일을 망치고 자기자신도 망가뜨리는 때이니 관대한 마음을 가져야 액운을 면해간다.

이 시기는 갑자기 대인관계가 이상이 생기게 되고 주로 아주 가까운 사람과의 사소한 마찰이 엄청난 원망과 증오심까지 갖게 되니 되도록 가까운 사람일수록 마찰을 피하고 서로를 이해하는 마음을 가져야 한다.

또한 이 시기에는 모든 것이 남의 탓이라고 미루게 되지만 따지고 보면 자신의 잘못과 실수가 원인인 경우가 다반사이니 스스로 마음을 평정시키는 것이 무엇보다 중요하다.

미워하는 마음이 커지면 증오가 된다. 그러나 미움이나 증오도 그 바탕은 사랑에 있는 것이다. 애정이 없다면 미워할 이유도 증오할 이유도 없는 것이다. 애정에서 일탈해 미움이 되고 미움이 커져서 증오가 되니 인간사 좋고 싫은 모든 감정은 어쩌면 사랑에서 시작되는 것인가 보다.

성경에 이르기를 네 이웃을 사랑하고 원수를 사랑하라 했다. 이 것은 어쩌면 인생을 사는 것에 있어 가장 근본적인 진리일 것이다. 아무리 미운 사람도 계속 웃으며 대하다 보면 어딘지 이쁜 구석이 보이기 시작한다. 삶의 지혜는 어쩌면 굉장히 단순한 것인지도 모른 다. 2천년 전 예수의 가르침이 오늘날까지 사람들에게 커다란 가르 침이 되고 있는 것은 그가 몸소 행한 사랑의 실천 때문일지도 모른 다. 우리가 성인이 되어 살 수는 없을지 몰라도 최소한 마음에 사랑 을 근본으로 살 수는 있을 것이다. 모두에 마음속에 사랑이 근본이 된다면 굳이 미래에 대한 두려움이나 의문을 갖지 않아도 살 수 있 을는지 모른다.

이 시기에 사업적인 운은 자신의 일에 대해 지치다 못해 일 자체 를 증오하게 된다. 일에 애정을 갖지 못하고 포기하는 단계에 이르 러 있으니 그 일을 선택한 자신에 대해서도 원망하게 되는 운이다.

일뿐 아니라 가정에도 어려움은 닥친다. 가족간에 감정의 골이 깊 이 패인 상황이니 이제는 도저히 가정을 유지할 수 없다는 결론에 도달하게 되는 운에 다다른다. 아내는 남편을 남편은 아내를 자식은 부모를 이런 식으로 서로를 탓하며 서로에게 상처를 안겨주는 시기 이니 무엇보다 마음에 묻혀져버린 사랑을 꺼내야 하는 시기이다.

애정 문제 또한 헤어진 연인에 대한 감정의 찌꺼기를 정리하지 못 해 괴로워하는 운이며 배반이니 배신이니 하며 이미 떠난 사람에 대 해 평가절하 하는 시기이다. 이런 때는 되도록 좋은 기억만을 상기 하는 것이 스스로에게 도움이 될 것이다. 정말 사랑했다면 그의 배 신마저도 사랑해야 하지 않을까.

71번 72번 그리고 73번의 이 괘는 인간 감정의 변화 단계를 나타내니 세상을 살면서 누구나 다 갖게 되는 감정이다. 우리는 수없이 많은 감정의 변화 속에 살아가지만 인간의 감정을 크게 두 가지로 나누면 사랑과 미움이다. 미움이 발전하면 증오가 되니 되도록 증오의 감정은 해소하는 것이 아름다운 인생이 될 것이다.

71번 72번 73번의 괘는 어떤 것을 뽑아도 공통적인 것은 사랑이 근본적인 삶의 방법이 되어야 한다는 것을 일깨워 주는 것이다. 이 괘를 뽑았다면 이 시기는 자신의 감정변화에 신경을 써야 하는 시기임을 암시한다.

74.
나그네가 수레 가득 곡식을 싣고 집으로 돌아옴

이 괘의 운세는 길을 떠났던 사람이 성공해서 돌아오는 것을 의미한다. 대체로 기다리던 일이나 소망했던 일들이 좋은 결실을 맺게 된다는 운세이므로 길한 운이다.

이 괘는 그 해석과 자신의 상황 판단에 신중을 기해야 하는 괘상이다. 나그네는 여행하는 방랑객과도 같다. 그러므로 나그네는 한자리에 머무는 법이 없다.

예전 숙박시설이 없어 남의 집 대문 앞에 서서 지나가던 나그네인데 하룻밤 묵어 갈 수 있겠소 하던 그 시절, 나그네는 그 가정에 아무런 상관없이 단지 하룻밤 묵어 가는 것에 불과하다는 것을 문 앞에서 고했던 것이다. 그러므로 이 괘의 좋은 운이란 오래 머무르지 않는다는 것이다.

이 괘를 뽑는 시기는 상여금, 퇴직금, 보험금, 보상금 등의 암시를 갖고 있다. 만약 이 괘를 뽑은 사람이 위의 금전적인 변화가 있었다면 그 돈들을 신중히 관리해야 할 것이다. 나그네는 쉬고 나면 다시 떠나는 법. 오래 머무르지 않는다는 특징을 잘 이용한다면 큰 어려움은 겪지 않을 것이다. 이 괘를 뽑은 사람이 위와 같은 금전변화가 없었다면 멀지 않은 미래에 위와 같은 금전의 변화가 생길 것이다.

이 괘에서의 사업적인 운은 나그네의 습성을 이용하면 성공할 수 있다. 쉼터를 제공하는 사업을 구상하라. 사람들이 잠시 머무르며 휴식을 취하거나 담소를 나누는 장소 등의 업종은 성공을 거둘 수 있다.

애정문제는 잠시 스쳐가는 인연이라고 본다. 그러나 맺어지지 않아도 서로에게 좋은 추억거리가 되는 인연이니 소중히 여겨야 할 것이다.

75.
나그네가 빈 수레를 지친 몸으로 이끌고 돌아옴

계획이나 소망하던 바가 결실이 없고 몸과 마음이 지쳐 있으니 모든 것이 귀찮은 때이고 휴식하고 싶은 시기이다. 하지만 나그네의 습성이란 어느 정도의 휴식이 끝나면 소득이 있건 없건 또다시 길을 떠나게 마련이니 74번과 75번의 이 괘는 사주살로 비교하면 역마 혹은 지살을 띤 형상이라 한자리에 오래 정착하지 못하는 삶을 살게 된다는 암시가 강하다.

이것은 대인관계에도 영향을 끼치게 되니 이 괘를 뽑은 사람은 일부종사가 힘들고 직장생활이나 조직체에서도 일하기 힘들며 적응하기 어려운 사람이다. 자기사업을 한다 하더라도 유동성이 많은 유통이나 무역과 관련된 직종이 좋고 운수, 운송 등 길에서 돈을 버는 직업이 길하다.

앞의 74번의 괘와 연관이 있는 것으로 가진 것을 잃은 사람의 운이다. 즉, 좋은 운을 놓치고 나쁜 운에 와 있는 사람이지만 역시 나그네는 오래 머무르지 않으니 나쁜 운 또한 오래 가지는 않는다는 암시가 강하다.

하지만 이 괘를 뽑은 사람은 앞서의 74번 괘의 사업상의 문제는 전혀 다른 의미를 지닌다. 즉, 빈수레는 가진 것이 없으니 쉼터를 제공해도 돌아오는 이익이 없다. 그러므로 이 괘의 경우에는 쉼터 제공을 하는 업종을 하게 되면 실패하는 운임을 명심해야 한다.

애정문제에 있어서도 74번의 괘와 마찬가지로 스치는 인연이다. 하지만 이 괘의 스치는 인연은 각별히 유의해야 한다. 서로에게 상처를 많이 남기는 인연이니 주의하라.

특히 여자가 밤에 이 괘를 뽑으면 겁탈을 당하거나 강간을 당할 수도 있는 운이니 각별히 유의하지 않으면 인생의 커다란 상처를 안고 살아가게 된다.

76.
가을 들녘에 풍성한 과일이 열렸으니 풍년이로다

이 괘의 운세는 재투자할 때를 의미한다. 가을 들녘에 풍성한 과일이 열렸으니 물론 풍족한 시기임에는 틀림없으나 풍족하고 넉넉하다고 해서 가만히 있다면 발전이 없는 법이다.

과일은 농사지은 이익분으로 광에 넣어 두어야 하는데 광에 오래 넣어두면 썩는 일만 남으니 장에 내다 팔아 돈을 마련해 생활을 해야하고 다음해 수확을 위해 비축해 두어야 한다. 그러하니 이 괘를 뽑은 이는 그 동안 노력의 대가를 얻게 되는 시기이다.

사람은 누구나 힘든 시기가 지나면 긴장이 풀어져 맥없이 지내기 일수이고 현재의 풍족함이 언제까지나 지속될 것처럼 생활하는 경우가 많다. 하지만 아침이 지나면 어느새 밤이 되고 봄이 지나면 어느새 겨울이 오듯 인생도 풍족한 시기가 지나면 힘든 시기가 오기 마련이다.

현재의 풍족함에 안주하지 말 것이며 긴장을 늦추어서는 안되는 시기이다. 지금은 미래를 위해 재투자해야 하는 시기이니 그 동안 노고로 인한 이익분을 다른 곳에 다시 투자하여 좀더 나은 미래를 설계해야 하는 시기이다. 대체로 이 시기에는 무엇을 사고 파는 등의 일이 좋고 새로운 사업구상을 하거나 새로운 아이템에 투자하는 시기이기도 하다. 유의해야 할 것은 정당한 노동의 대가가 요구되는 시기이므로 투기성의 투자는 절대 금해야 하며 투기성의 일로 본 이익분은 반드시 오래가지 않는다.

애정문제는 사랑이 충만한 시기이다. 대부분의 경우 결혼을 생각하거나 준비하는 시기이다. 이 경우에는 다소 어려움은 있으나 애정이 성사되는 시기이다.

가정적으로도 풍족한 시기이니 모두가 어려운 때를 돌이켜 보며 웃음 짓는 때이기도 하다. 임신 출산의 의미가 있으니 가족의 수가 늘어나는 시기이다. 단 과음, 과식을 유의하지 않으면 위장질환을 앓게 되는 운이니 유의해야 한다.

77.
칠월 칠석에 견우 직녀가 만나도다

무엇이건 오랫동안 바라고 염원하던 일이 성취되는 괘상이다. 힘들고 어려웠던 지난날의 대가를 이제서야 받게 되나니 성취의 기쁨이 반드시 따를 때이다.

그러나 이 괘를 뽑는 자는 기쁨의 순간이 또 다른 고통을 낳게 되는 바 일년에 한번 만나는 견우와 직녀가 기쁨을 나누면서도 곧 헤어져야 하는 처지를 괴로워하는 것과 같은 운세이다. 일생을 바라고 염원하여 한가지 일을 성취하고 또 바라고 염원하여 한가지 일을 성취해 내는 형상이니 노고가 많은 삶이다.

사업적인 면은 신규사업은 많은 인내를 필요로 하고 오랫동안 해오던 사업은 드디어 결실을 맺게된다. 금전적인 부분은 오래된 채권 채무가 해결되는 시기이다.

애정문제는 이루어지지 않는 사랑이다. 서로 아끼고 사랑해도 주위의 여건이 두 사람의 사랑을 허락하지 않는다. 단, 출장이 잦거나 주말부부 같은 경우는 문제가 없다. 건강 부분은 자궁, 신장, 방광 질환에 유의해야한다.

이 괘는 어려운 처지에 있는 사람에게는 도움의 손길이 찾아오는 것을 암시한다. 자신이 간절히 원하는 바가 있다면 분명 어디선가 도움의 손길이 찾아오게 되니 현재 처한 위기 상황을 쉽게 포기하지 말 것을 충고한다.

또한 이 괘를 뽑은 사람은 칠월칠석에 소원을 빌면 이루어진다는 암시도 있다. 예로부터 우리 민족은 칠월칠석에 하늘을 바라보며 소원을 빌어왔다. 이 괘는 하늘에 소원을 빌어 자신이 원하는 바를 성취한다는 암시가 있으니 해마다 칠월칠석에 소원을 빌라.

특히 애정문제로 고민하는 사람은 원하는 사랑이 이루어진다.

78.
음악소리 노랫소리 만발하니 모두가 즐겁구나

때는 바야흐로 태평성대와 같은 운세이다. 노고를 모르는 삶이니 낙천적 기질을 지닌 사람이며 풍류를 즐기는 풍류객과 같으니 걱정하고 근심하는 일을 싫어하고 인생을 즐기며 산다는 사고를 지닌 사람이다. 단점은 주색잡기에 능하나니 그로 인해 패가할 일이 걱정이로다.

사업적인 면은 관광, 유흥, 오락, 도박 등의 업종으로 성공하는 운이다. 애정문제는 일부종사가 힘들어 남녀를 불문하고 초혼에 실패하는 경우가 많고 연인사이도 즐기는 상대로 끝나는 경우가 많으며 대체로 애정문제가 복잡다단하다.

금전적인 면은 수입보다 지출이 많으니 금전감각이 없는 사람이 많고 능력이상의 돈을 씀으로 인해 여기 저기에 빚이 널려 있는 경우가 허다하다.

이 괘는 사주살로 설명하면 도화살에 해당하니 남녀모두 관광 유흥업에 종사하는 사람이 많고 대체로 주색잡기를 좋아해 가정에 문제를 불러일으킨다.

이 괘를 뽑은 사람의 단점은 사람 모으기를 좋아한다는 것이다. 여러 사람이 모여 놀고 떠들고 노는 것을 즐기며 항상 주변에 사람이 있어야 안정감이 드는 사람이다. 그렇기에 사람으로 인해 덕도 있으나 실도 많다.

또 사업적인 면에서도 이것저것 벌려놓는 일이 많으니 유의해야 한다. 업소를 여러 곳에 차려 놓고 관리 소홀로 인한 피해를 입게 되니 되도록 두 개 이상의 업소를 운영해서는 안된다.

성정이 태평해 보이기는 하나 오히려 내적으로는 갈등이 많고 생각이 복잡하여 항상 머릿속이 정리되지 않아 가족들의 눈에는 불안정해 보이는 경우가 많다. 이 괘는 밤에 뽑았을 경우에 좋은 의미가 가중된다. 낮에 이 괘를 뽑는 경우에는 주색잡기로 인해 패가망신하게 되는 경우도 있으니 주의해야 한다.

79.
화장한 얼굴에 그늘이 지도다

겉보기에는 그럴 듯하고 번듯해 보여 남들 눈에는 근심, 걱정이 없어 보이지만 실상은 그렇지 않다. 흔히들 말하는 빛 좋은 개살구 같은 운세이니 남에게 말못할 사정으로 고민하는 사람에게 자주 나오는 괘상이다.

사업은 내실이 허술해서 불안정한 운세이다. 애정문제는 근심걱정이 생길 때니 기혼자의 경우 내연의 관계로 고심할 때이다. 금전은 들어오기도 전에 나갈 곳이 정해져 있으니 손에 쥐어지는 돈이 없을 시기이다.

옛말에 사주(四柱)가 불여관상(不如觀相)이요, 관상(觀相)이 불여심상(不如心相)이다, 라는 말이 있다. 이는 사람이 살아가는 것에 있어 가장 중요한 것은 마음이란 뜻이다. 즉 사람의 심리 상태가 자신의 운명을 좌우할 수도 있다는 뜻으로 마음이 불안정하고 어려운 사람은 먼저 그 얼굴에 나타나게 되는 것이다. 여기서의 얼굴이란 생김새가 아니라 색기(氣色)를 의미하는 것이다.

이 괘를 뽑은 사람은 아무리 화장으로 자신의 기색을 감추려 해도 마음의 어지러움은 감출 수 없음을 의미하니 마음이 어지럽다는 것은 일신의 평안치 못함을 의미한다. 그러므로 겉으로 표가 나지 않는다 해서 모든 것이 제대로 돌아가는 것은 아니란 것이다.

이 괘를 뽑은 사람이 현재에는 별다른 어려움이 없다고 해도 주변을 잘 정비하는 것이 좋으리라. 때로 어떤 나쁜 일이 일어나기 전에 이미 기색이 흐려지는 경우가 있으나 일반적으로 그 빛을 감지하기 어려우니 이 괘를 뽑은 시기에는 매사에 만전을 기하는 것이 좋다. 건강문제에도 신경을 써야 하는 시기이다. 겉으로는 잘 느낄 수 없고 남들 보기에는 건강해 보일지 모르지만 실지로는 질환을 앓는 경우가 많으니 이유없이 자주 피로를 느끼고 여기저기 아픈 증세가 있는데 이는 대부분 스트레스로 인한 심리적인 요인이 많이 차지하니 먼저 마음을 쉬게 하는 것이 중요하다.

또한 이 괘는 남들에게 함부로 말못할 고민에 빠져 있는 사람의 경우에도 잘 나오는 괘이기도 하다. 아주 가까운 측근과의 갈등이나 대립, 혹은 그들이 아니고는 문제 해결을 할 수 없는 일이지만 차마 말을 꺼내지 못해 고심하는 경우로 잘못 내심에 있는 이야기를 털어놓았다가는 오해의 소지가 커질 것이 우려되어 벙어리 냉가슴 앓는 경우이나 다소 오해가 생길 소지가 있더라도 현명하게 대화를 하는 것이 문제 해결에 도움이 될 것이다.

80.
여자가 밤에 화장을 하는구나

자고로 밤에 화장하는 여자의 삶은 파란만장하다. 그러니 남녀 불문하고 이 괘를 뽑으면 파란만장한 삶을 살게되니 사는 자체가 괴로움이라 하겠다.

특히 밤에 이 괘를 뽑으면 하루하루 도살장에 끌려나가는 소의 형상과 같다 하니 마지못해 사는 삶이다.

여자가 이 괘를 뽑으면 항상 억울함을 안고 남에게 손가락질 받으며 살아야 하니 일부종사가 어려움은 물론이요, 화류계 생활을 하거나 물장사를 하는 경우가 많고 남의 첩으로 살거나 재취로 들어가는 경우가 허다하다.

밤은 모든 일과를 끝내고 하루를 정리한 후 휴식을 취하는 시간대이다. 일반적으로 화장은 어떤 일을 하기 위한 준비단계이다. 외출전이나 하루일과를 시작하기 전에 화장을 하고 자신을 가다듬는 것이다.

이 괘는 삶의 형태가 일반적이지 못하다는 것을 지적하고 있다. 남들이 다 잠드는 시간에 활동을 한다는 것은 얼마나 고달픈 일인가.

밤에 일하는 사람의 일생이 어찌 편안하다고 하겠는가? 그런 의미에서 이 괘를 뽑은 사람의 인생은 고달픈 것이다.

사업적인 면은 이 괘는 일반적인 사업은 어렵다. 주로 밤에 하는 업종이 길하니 유흥, 숙박, 새벽시장 등의 업종이 길하다.

밤에 이 괘를 뽑으면 사업상 문제가 많다고 보며 이동하거나 변화를 가질 운이고 매출이 줄어드는 형국을 이룬다. 낮에 이 괘를 뽑으면 사업적인 면에서 발전하는 운이다.

애정적인 부분은 이루어지기 힘든 사랑이거나 비정상적인 만남을 의미한다. 혹은 자신이나 상대가 비정상적인 생활을 하는 사람이다. 가정적인 문제는 가정에 균형이 깨어지고 가족간의 융화가 어렵다. 가족상호간에 관심이 없어지고 애정이 없어 보이며 대화가 적어 오해나 갈등을 빚게 된다.

81.
가는 곳마다 문이 닫혀 있다

이 괘를 뽑은 사람은 환영받지 못하는 인생을 살아가라는 암시가 있다. 흔히 부모가 계획에 없는 아이를 낳았거나 대인관계가 원만하지 않은 경우로 사회나 가정에서 인정받지 못해 도태되는 경우가 많다.

문이 닫혀 있다는 것은 마치 문전박대 당하는 경우와 마찬가지니 모든 일에 시도도 해보지 못하고 좌절되는 격이다. 닫혀 있는 문을 열어야 개운되나니 닫혀 있는 문을 연다는 것은 스스로 열려하는 의지가 없이는 되지 않는다.

즉, 이 괘를 뽑은 사람은 여태 좌절을 겪은 터라 자신감이 결여됨은 물론이고 모든 일에 의욕을 상실하여 아무것도 하고자 하는 의지가 없는 상태이니 자신감을 키우고 모든 일을 자기 뜻대로 밀고 나가겠다는 배포가 필요한 시기이다.

성경에 이르기를 두드리라 그러면 열리리라 하였으니 이는 노력 없이는 아무 것도 안된다는 뜻이 아니겠는가. 이 괘에서 말하고자 하는 것은 바로 자신에게 주어진 나쁜 운을 이겨낼 노력을 하라는 것이다.

사업적인 면은 비인기 직종의 종사자가 많고 도와주는 이가 없으니 자수성가 해야하는 운이다.

금전은 융통이 어려운 시기이다.
애정문제는 상대가 자신을 좋아하지 않는다.

82.
가는 곳 마다 문이 열렸도다

그야말로 승승장구할 호재를 맞게 되었으니 해방되는 운이로다. 하지만 문을 열면 좋은 것만이 아니라 나쁜 운도 함께 따라오니 조심해야 한다. 좋은 운일수록 겸손함을 잃지 않아야 액이 사라지는 법이다.

밤에 이 괘를 뽑으면 좋은 일보다 흉한 일이 많다고 암시하며 실물, 도적, 관재수가 따르니 조심하라. 2월, 8월, 10월, 12월은 특히 유의해야 한다. 단, 밤장사를 하는 사람은 매출이 신장되는 운이다.

애정문제는 서로의 마음이 열렸으므로 좋은 관계이다. 기혼자는 외도를 조심해야 한다. 사업은 낮에 하는 사업은 낮에 뽑아야 길하고 밤에 하는 사업은 밤에 뽑아도 길한 운세이다. 문 앞에 돈이 지천으로 깔려 있어도 자기 것으로 만들지 못하는 사람들이 많다. 즉, 좋은 운이 왔음에도 방심하여 운을 놓치고 한탄하는 경우가 많으니 이 괘를 뽑은 사람은 안일한 생각을 버리고 노력해 운을 잡아야 할 것이다. 좋은 괘상이다.

마음에 묻은 때를 벗지 못하고
몸에 묻은 때만 나무란다

    항상 겉보다 중요한 것은 마음이다. 마음을 얼마나 잘 다스리느냐에 따라 인생이 성공하기도 하고 실패하기도 한다. 인간은 늘 어떤 핑계를 지니고 자신을 위로한다. 가정환경이 나빠서 사회가 불공평해서 돈이 없어서 급기야는 사주팔자가 나빠서 등등.

    그러나 아무리 가정환경이 나쁘고 사회가 불공평하며 돈이 없고 사주팔자가 나빠도 얼마든지 자신의 생을 아름답게 성공적으로 사는 사람들이 많다. 그들은 어떻게 성공한 것일까? 결론인적 가정환경이 다가 아니고 사회의 불공평도 큰 문제가 되지 않고 돈이 없다는 것도 핑계이며 더욱이 사주가 나빠서라는 것은 자신에 대한 합리화에 불과하다는 것이다.

    인간은 누구나 얼마든지 성공할 수 있음에도 불구하고 자꾸만 핑계거리를 만들어 스스로를 위안하고 어쩔 수 없는 상황인 것처럼 인식한다. 하지만 마음의 때를 벗으면 이루지 못할 것도 없다는 것을 명심하기 바란다.

    이 괘를 뽑은 사람은 눈에 보이는 실수나 실패 때문에 좌절하고 있지만 실질적인 원인은 눈앞에 보이지 않는 사소한 부주의 때문에 나쁜 일을 당하는 사람이다. 또 내실보다 외양을 중요시 여기는 습관 때문에 항시 일을 그르치게 된다는 암시가 강하니 유의해야 한다.

이 괘를 뽑은 사람은 누구를 불문하고 자신을 돌이켜 보아야 한다. 그리고 마음을 올바로 다지고 실로 양심에 어긋난 행동은 결코 하지 않아야 개운될 것이다.

사업적인 면은 근본적인 치유가 필요하다. 일시적인 경기 불황인 것처럼 보일 수도 있으나 근본적인 것에 문제가 있다. 자기 적성에 맞지 않은 업종을 선택했거나 기본적인 시스템이나 아이템에 문제가 있는 것이므로 재정비해야 하는 운이다.

금전적인 문제는 수입보다 많은 지출에 문제가 있다. 수입은 없는데 지출은 계획성이 없어 채무만 늘어나는 시기이니 금전 관리능력이 어느 때보다 요구되는 시기이다.

애정문제는 자신의 단점은 시인하지 않으며 상대의 단점에만 신경을 곤두세우고 있어 다툼이 잦아진다. 이러한 때에는 상대가 나에게 무엇을 해줄 것인가 기대하지 말고 내가 상대에게 어떻게 해줄 것인지를 계획해야 한다.

가정적인 면에서도 마찬가지로 자신은 가족을 위해 하는 것이 없으면서도 가족들이 무조건 자신을 위해 희생하고 이해해줄 것을 강요하는 데서 문제가 발생하게 된다. 즉 자신의 이기심 때문에 가족 전체를 불행하게 할 수도 있음을 염두에 두어야 한다.

84.
부모형제 간 곳 없다

일신을 의지할 데도 없고 도움 받을 곳도 없으며 부모형제 덕이 없으니 일찍이 고향을 떠나 타향객지를 홀로 떠돌게 되는 팔자니 그야말로 고독하기 짝이 없는 운세이다.

이 사람은 인간의 덕이 없으니 친구나 주변 사람들도 도움이 되지 못한다. 남의 마음이 내 마음 같지 않으니 내 것을 주고도 뺨맞는 신세이다.

밤에 이 괘를 뽑으면 사업에도 실패가 많고 막힘이 많으며 오늘의 동업자가 내일은 도둑이 되어 나타난다. 또한 노후에도 고독하고 외로운 여생을 보내는 암시가 강하다.

낮에 이 괘를 뽑으면 자수성가 할 운인데 사람을 함부로 믿지 말고 동업은 절대 삼가야 성공한다.

애정문제는 의지처가 필요한 사람임에도 불구하고 상대는 의지할 만한 사람이 못된다.

가정적으로는 불행한 사람이 많다. 어려서 할머니의 손에 자라거나 어머니가 둘인 사람이 많으며 가족간에 화목하지 못한 경우가 많고 어려서 부모나 형제를 잃게 되는 경우가 많다. 성장해서도 가족 간의 정이 없고 가정을 이루어도 가정에 안정하지 못하는 경우도 있 다.

사업상으로는 노사의 관계가 어지럽고 직원이나 종업원들이 뜻을 따라주지 않거나 일의 능률을 올리지 못해 실패가 온다. 또는 인사 사고의 위험도 따른다.

이 경우는 되도록 업체를 확장하거나 일을 많이 벌리지 않아야 한 다. 소규모의 사업이나 업소를 운영하는 것이 이롭고 직원이나 종업 원을 많이 거느리지 않고도 할 수 있는 업을 선택하는 것이 중요하 다.

또한 이 경우는 자신이 살던 땅을 등지고 타향, 타국에서 여생을 보내는 경우도 생긴다.

85.
조상의 묘가 어지럽도다

　이 괘는 여러 가지 이유로 묘에 이상이 있음을 암시한다. 묘에 손을 댈 일이 있거나 이미 묘에 손을 댄 경우는 물론이요 선대에서 묘를 잘못 쓴 경우에도 그로 인해 탈이 생겨 운이 막히게 되고, 특히 이 괘를 뽑은 자는 조상의 묘가 어지럽혀지거나 없어져 묘가 훼손된 일이 있으니 조심해야 한다.

　묘가 이상이 있어 여러 가지 나쁜 일들이 발생하는 경우가 종종 있으니 잘못된 묘를 손보고 바로 잡는 것이 가장 빠른 개운법이다.

　이 괘는 다가오는 날들에 되도록 묘를 쓰지 않는 것이 좋다. 묘가 없으면 묘에 탈이 생길 이유도 없다. 이 경우에는 겉으로는 멀쩡해 보이지만 막상 묘를 파 보면 묘에 물이 차 있거나 나무 뿌리가 박혀 있는 경우도 있고 시신이 썩지 않고 있는 경우도 있다.

　묘는 망자에게는 집과도 같으니 예로부터 살아 있는 사람의 집을 양택(陽宅)이라 했고 망자의 묘는 음택(陰宅)이라 하여 중요시 여겨 왔다. 집이 편안하지 않으면 사람이 불편하듯 묘가 편안하지 않으면 망자 역시 불편하기는 마찬가지인 것이다. 누구를 막론하고 이 괘가 나왔을 경우는 묘를 살펴보고 잘못된 것이 있으면 손보는 것이 마땅하다.

  이 괘의 경우는 꿈자리가 어지러우니 밤마다 나쁜 꿈에 시달리는
경우가 많다. 사업적으로도 자꾸 사고가 생기거나 나쁜 일들이 일어
나게 되며 성사된 계약도 무효가 되는 경우가 생긴다. 가정적으로도
가족들이 마음을 잡지 못하고 사는 것이 고달픈 경우들이 많이 발생
하는 괘이다.

수풀이 우거져 길을 찾지 못하도다

수풀이란 인생의 혼란스러움을 의미한다. 혼란스러움 속에 제대로 길을 찾는 사람은 없을 수밖에 없다. 이 괘는 바로 인생의 혼란기에서 제대로 길을 찾지 못하고 있음을 암시하니 정신을 가다듬고 자신을 돌이켜 생각해야 하는 때이다.

이 괘를 뽑은 이의 운은 본인의 시야가 흐려져 물불을 구분하지 못하고, 죽고 살 일도 구분 짓지 못하는 형상이니 쓸데없는 군더더기를 없애야 한다. 즉 잡념을 없애야 한다는 것이다.

이러한 운에서 확장하는 일은 절대 금물이며 축소하고 줄여야만 올바른 운의 흐름을 따를 수 있다. 직장, 직업의 불안정 시기이고 봉고파직의 위험이 있으며 금전 융통이 어려운 시기이다.

밤에 이 괘를 뽑으면 흉한 의미의 암시가 더욱 강해지니 각별히 유의해야 한다. 개운법은 수풀은 낫이나 칼로 제거해야 한다. 그러한 의미에서 이 괘를 뽑은 이는 금속성 액세서리를 지니는 것이 좋다.

누구나 가끔씩 머릿속이 안개 낀 듯이 정리가 되지 않을 때가 있다. 하지만 그런 때일수록 더욱 정신을 맑게 가지려고 노력해야 한다. 평소 열심히 기도하고 명상하는 이들은 이러한 운을 쉽게 잘 이겨내므로 누구든 열심히 기도하고 명상한다면 아무리 어려운 시기도 지혜롭게 넘길 수 있을 것이다.

애정적인 문제에서는 이성관계가 복잡하게 얽히는 경우가 발생한다. 원하지 않아도 사람이 따르는 경우로 주변 정리를 하지 않으면 망신이 뻗치니 유의해야 한다.

사업이나 금전적인 문제도 널려 있는 채무관계가 정리되지 않고 자금부족 상태로 도산의 위험이 따르는 시기이다. 또 이 경우는 성격 자체가 여러 가지 일을 벌려놓되 모든 일에 마무리를 맺지 못한다. 그러므로 되도록 일을 벌리지 않는 것이 상책이다. 한가지씩 차근차근 매듭짓는 법을 먼저 배워야 할 것이다.

87.
책 보따리 짊어지고 산으로 가는 형상

책은 세상에서 가장 값진 보물이란 것은 굳이 말로 설명할 필요가 없을 것이다. 산으로 간다는 것은 속세와의 결별을 의미하며 정리, 정돈을 의미한다. 즉 이 괘에서 말하고자 하는 것은 세상에서 값진 보물을 이용하여 정리 정돈하라는 것이다.

모든 지혜는 책 속에 있다 했다. 그러나 우리는 가까운 곳에 책을 두고도 먼 곳에서 지혜를 얻으려 헤맨다. 산으로 가라함은 고요히 자신의 일신과 주변을 둘러보라는 의미이다.

즉, 다시 풀이한다면 이 괘를 뽑은 이는 먼 곳에서 해답을 얻으려 하지 말 것이며 가까운 곳에서 자신을 돌이켜보고 반성하라는 암시가 강한 것이다. 언제나 답은 가까운 곳 항상 손에 닿는 곳에 있다는 것이다. 이 괘의 운세는 정리 정돈하는 운으로 안타깝게 부여잡고 있는 끈을 잘라야 하는 때이다. 미련도 애착도 버리고 한 걸음 뒤로 물러서야 할 때이니, 현재의 상황을 과감하게 떨쳐버리고 일어나 재도전의 기회를 기다려야 한다.

임금이 머리의 왕관을 벗어 던지는 형상

이 괘에서 말하는 임금이란 삶의 주체, 즉 자기자신을 의미하며 왕관이란 삶의 목적 의식을 의미한다. 삶의 주체인 자신이 왕관을 벗어 던지는 것은 삶의 목적을 포기하는 것으로 해석하니 조금 견디기 힘들다고 해서 경솔한 행위를 하는 것은 굉장히 위험한 발상이란 것을 충고하고 있는 것이다.

이 괘의 운세는 자기 복을 자기가 걷어차는 것으로 이 괘를 뽑은 이는 세상이 자기 중심으로 움직여 주기를 바라고 모든 사람이 자신을 중심으로 모여들기를 원하며 무조건 자신의 뜻에 복종해 주기를 원하지만 인생이란 결코 그렇지 않다는 것을 빨리 깨달아야만 한다.

이를 깨닫지 못한다면 왕관을 쓰고 있기가 좀 무겁고 불편하다는 이유로 벗어 던지는 왕과 같이 자신의 목표를 포기하고 책임과 의무를 져버리며 인생의 방관자가 되고 말 것이다.

또한 이 괘를 뽑은 사람 주의에는 간신 같은 삶이 존재함으로 자신 앞에서 웃으며 다정히 대하는 사람을 경계할 필요가 있다.

이 괘는 관직에 있는 사람이 뽑으면 관복을 벗어야 하며 직장인

뽑으면 해고 해직 등의 암시가 있고 사업하는 이가 **뽑으면** 부도를 맞거나 법정관리에 들어가게 된다.

애정문제는 자신에게 잘 맞는 상대를 만나기는 했으나 스스로 알아차리지 못하는 형편이다. 놓치고 나면 후회할 일을 하지 않는 것이 바람직하다.

사업적인 문제는 노력해 보지도 않고서 포기하는 운이니 아무리 어려운 상황에 처해 있어도 희망을 버리지 않아야 할 때이다.

가정적인 문제에 있어서도 스스로 책임을 져버리는 일이 발생하거나 책임을 미루는 일이 발생한다. 가족간의 문제는 누구의 책임을 따질 것이 아니라 애정으로 해결해야 함을 잊지 말아야 할 것이다.

또 이 시기에는 자신이 무심코 한 행동이나 말이 화근을 불러일으키는 일이 발생하는 시기이니 모든 언행에 신중을 기해야 한다. 아무리 지치고 화가 나도 혹은 일상에서 탈피하고 싶더라도 함부로 행동해선 안된다. 후에 겉잡을 수 없는 일이 발생하니 모든 사람은 자신의 언행에 책임을 져야 하는 것은 당연하나 이 괘를 뽑는 시기는 더욱 조심해야 한다.

장군이 대군을 이끌고 전쟁터로 간다

　장군은 굳건한 자아를 의미하고 대군은 자신감, 전쟁터는 삶 자체를 의미한다. 즉, 이 괘에서 시사하는 바는 굳건한 자아로 자신감을 갖고 삶에 임하라는 것이다.

　전장에 나가는 사람이 지는 것을 전제로 임하는 사람은 없다. 이기리라 장담하고 나가도 질 수 있는 것이 전쟁터이니 자신감 없이 겁에 질려 전쟁터에 나가면 질 것은 너무나 뻔한 사실이 아닌가. 삶이라는 전쟁터 역시 자신감이 결여된 상태에서는 실패가 기다림이 당연한 것이다. 그러니 이 괘를 뽑은 사람은 자아를 찾고 자신감을 키워 삶에 임하라는 것이다.

　이 괘를 뽑은 사람은 이권다툼, 재산시비 등으로 인한 소송시비에 휘말리기 쉬우며 관재가 발생하기도 하는 운이다. 즉 남과 싸워야 하는 운인데 전쟁은 늘 이기기만 하는 것이 아니다. 자신감과 지혜로 이길 수 있는 것이지 무력으로만 이기는 것은 결코 아니므로 현명하게 처신해야 하는 시기이다.

　밤에 이 괘를 뽑는다면 기습공격을 해야 하니 빨리 서두르는 것이 유리하다. 낮에 이 괘를 뽑으면 작전 노출이 우려되니 서두르지 말고 시간을 두고 머리를 쓰는 것이 유리하다.

애정문제는 삼각관계에 빠지기 쉬운 때이며 모든 것이 자신의 손에 결정권이 있는 상태이다.

간밤에 내린 비에 꽃이 봉우리를 터뜨리도다

　간밤에 내린 비는 지나간 불운을 의미하고 꽃이 봉우리를 터뜨린 것은 일의 결실을 의미한다. 그러므로 이 괘는 어떤 나쁜 사건이 계기가 되어 발전하는 운세로서 지금껏 시련을 잘 견뎌 내다가 마지막 고비를 만나거나 전혀 뜻하지 않은 사건으로 인해 일의 실마리가 풀어져 전화위복의 기회를 마련하게 되는 운세이다.

　대체로 비는 궂은 일이나 눈물에 비유되나니 궂은 일이나 눈물 흘리는 일이 발생함으로 발전의 계기를 마련한다는 암시이다. 그래서 이 괘를 뽑은 이는 유산상속을 받거나 보험금을 탈 일도 있을 수 있으며 적금이나 계를 타는 경우도 있다.

　직장인은 승진의 의미가 있고 사업자는 매출신장을 보이며 기혼자는 임신 출산의 암시도 있다.

　금전문제에 있어 이 괘는 어려운 시기 없이는 풍족함을 누릴 수 없음을 암시한다. 물론 태어나면서부터 풍족한 가정에서 별다른 어려움 없이 살아가는 사람들도 얼마든지 있지만 세상 모두가 고생 없이 풍족할 수 있다면 아무도 노력하며 살지 않을 것이다.

이 괘를 뽑은 사람은 누구보다도 경제적으로 어려움을 겪는 사람이다. 늘 쪼들리는 생활이요 아무리 돈을 많이 벌어도 항상 모자라는 사람이다. 그렇기에 저축하여 미래를 준비하지 않으면 자식에게까지 가난을 물려주게 되는 악순환이 거듭된다. 그러므로 이 괘를 뽑은 사람은 항상 저축하는 습관을 기르는 것이 좋다.

어차피 돈이 있어도 쓰게 되니 주머니에 돈을 넣고 다니지 말아야 한다. 많이 버는 것이 중요하지 않다. 특히 이 경우에는 많이 벌어도 흔적이 남지 않는 경우이다. 그러므로 이 경우에는 보장성 보험이나 쉽게 해약할 수 없는 저축에 가입하는 것이 금전 운을 바꿀 수 있는 계기가 될 것이다.

사업적인 면은 아주 오랜 동안 고전을 거듭한 뒤에 오는 성취감을 느끼게 되는 시기이다. 아무리 좋은 제품이나 물건을 내 놓아도 인정받지 못하다가 드디어 우수성을 인정받는 시기이며 직장에서도 자신의 능력이 발휘되는 시기이다.

가정적으로도 이 시기는 오랫동안 남의 집을 전전하던 사람이 드디어 자신의 집을 마련하는 시기이며 오랫동안 아이를 희망하던 가정에서도 임신, 출산의 시기이니 기쁨이 넘치는 시기이다.

방안 가득 향내가 나니 성스러운 기운이 돈다

이 괘를 뽑은 사람의 운세는 인간의 힘으로는 도저히 해결되지 않는 문제에 부딪힌다. 자신의 뜻을 펼치도록 도와줄 사람이 없으니 조상이나 신에게 의지하여 원하는 바가 성취된다.

이 괘를 뽑는 시기에 제사가 든다면 그 제사를 정성을 다해 모셔야 한다. 그러면 운이 열리고 그렇지 않은 경우에는 조상의 묘를 찾아 제를 올리는 것도 개운의 방법이다. 또한 신앙을 가진 자는 열심히 기도를 올린다면 분명 개운될 것이다.

이 괘는 장남이나 장손으로 그 집안의 대를 이어 제사를 모시거나 앞으로 제사를 모셔할 사람에게 많이 나오는 괘이나 집안의 장남이나 장손이 아니더라도 훗날 자신이 제사를 모시게 되는 경우에도 이 괘가 나온다.

신앙생활을 열심히 하거나 종교인에게서도 자주 나오는 괘상으로 그런 이에게는 신의 가피가 있어 아주 길한 운을 암시한다. 아무튼 이 괘는 어떤 경우라도 제사의식이나 종교의식과 관련되어 발복하는 괘임을 염두에 두어야 한다.

이 괘를 뽑은 사람은 평소 절도 있는 생활을 해야 한다. 행동이나 말이 천박하지 않아야 하니 이 괘를 뽑은 사람이 천박한 행동이나 말을 하게 되면 순조롭던 일도 어려운 상황을 맞아야 한다. 그러니 평소 옷차림이나 언행에 각별히 유의해야 하고 아무리 어렵고 힘든 상황에서도 절도 있는 생활습관을 기르는 것이 어려움을 이겨나가는 길이다.

92.
흥부가 박을 타는 형상

늘 착하게 살고 고운 마음을 가진 사람에게 잘 나오는 괘상인 반면 능력이 부족하거나 상속받을 재산이 없는 사람이다. 성정이 여리고 착해 남의 딱한 사정을 그냥 봐 넘기지 못하고 유순한 마음 때문에 결국 행운을 얻게 되는 사람이다.

3월 3일 제비가 돌아오는 날을 기준으로 발복하고 어떤 경우에도 고생 끝에 낙이 오는 괘상이다. 대부분 중년이후의 복으로 보는 것이 옳다.

사업관계는 날이 갈수록 좋아진다. 금전은 추첨이나 복권 등 뜻하지 않은 횡재수가 있다. 애정관계는 사람은 좋으나 무능력한 경우가 대부분이다.

흥부의 복은 갑작스러운 행운이 아니라는 것을 가르치는 괘이다. 아무리 능력이 없고 어려운 상황에서도 도리에 어긋난 행동을 하지 않았고 모든 사물을 함부로 대하지 않았던 마음이 있었기에 있을 수 있었던 행운이다. 제비의 다리를 고쳐준다는 것은 하찮은 미물일지라도 사랑하는 마음을 갖고 있었기 때문에 가능한 일이다.

현대를 살아가는 우리는 미물은 고사하고 같은 사람에게도 함부로 대하고 무시하는 일이 얼마나 많으며 나 하나만 잘되면 그만이라는 인식이 너무 깊게 박혀 있다.

그런 우리에게 세상은 더불어 사는 것이라는 교훈을 주는 괘이기도 하다. 그러므로 이 괘 역시 갑작스런 행운을 가져다주지는 않는다.

다만 평소 삶이 아름다운 이에게는 행운을 가져다주지만 평소 삶이 아름답지 못한 이에게는 벌을 내리는 괘이니 이 괘를 뽑은 사람은 평소 자신의 삶을 돌이켜 보아야 할 것이다. 그래서 평소 자신의 삶이 아름답지 못했다면 지금부터라도 아름다운 삶을 살아가려는 노력을 아끼지 않아야 할 것이다.

한 사람이 몰래 숨어 칼을 갈고 있다

누군가 자신을 원망하는 이가 있거나 이해타산이나 서로간의 오해, 불화 때문에 앙심을 품은 사람이 있거나 생기게 된다. 매사 인간관계를 잘 정비해야 하며 일평생 대인관계에 신경을 써야 한다.

특히 무심코 던진 한마디가 화근이 되기도 하므로 말조심에 각별히 신경을 쓰고 행동해야 한다.

금전 운이 나쁜 시기이므로 혹 채무관계가 얽혀 있다면 소송에 휘말리게 된다. 사업면은 거래선이나 계약자 혹은 동업자에게 당하는 운이며 은행에서 부도 처리 당하는 운이다. 애정문제는 짝사랑이나 삼각관계로 인한 화가 발생한다.

장난으로 던진 돌에 개구리는 맞아 죽는다는 말이 있다. 도대체 우리는 얼마나 많은 개구리를 죽이며 사는지 모른다. 아무것도 아닌 행동이나 말 때문에 상대가 괴로워하지는 않았는지 그냥 지나쳐버린 일 때문에 커다란 사건이 되지는 않을지 걱정해본 일이 있는가. 또는 다른 사람의 그러한 행동이 나에게 피해가 되지는 않았는가. 그랬다면 나의 그러한 행동 또한 다른 사람에게 피해가 되었을 것이다.

이 괘는 그런 사소한 실수나 외면이 근거가 되어서 일어나는 일련의 사건들을 지칭하는 것이다. 그러므로 앞서 92번의 괘와도 일맥상통하는 부분이 있다. 즉, 평소의 언행을 조심하라는 것이다.

아무리 하찮은 말일지라도 아무리 장난일지라도 그것이 다른 사람에게는 치명적일 수도 있음을 잊지 않아야 하며 아울러 책임지지 못할 언행은 하지 않아야 함을 명심하라.

94.
가시밭길을 맨발로 가다가 가죽신을 줍는 형상

가시밭길은 힘들고 어려운 삶을 의미한다. 이 괘를 뽑은 사람은 대체로 조실부모하거나 타향객지를 떠돌고 부모형제의 덕이 없고 세상에 의지할 때 없이 험난한 운로를 가게 되는 경우가 많다.

그러나 뜻밖의 귀인이나 조력자를 만나 도움을 받게 된다는 형상이니 현재 어려움에 처해 있는 이에게는 희망적인 메시지가 담겨 있다.

밤에 이 괘를 뽑으면 모처럼의 행운을 자신의 부주의로 인해 놓치기 쉽다.

금전이나 사업관계는 동업도 길하며 뜻밖의 사람이 도움을 준다. 애정관계는 서로에게 도움이 되는 좋은 반려자이다.

이 괘는 제화 신발업계 종사자가 많고 영업이나 세일즈를 하는 이들도 있다. 즉, 발로 뛰어 먹고사는 경우가 많다.

95.
높은 산을 쉬엄쉬엄 오르는 형상

높은 산은 이상이나 꿈이 높음을 의미하며 쉬엄쉬엄 오른다는 것은 낙천적이거나 느긋한 성격의 소유자임을 의미한다.

이 괘를 뽑은 사람은 단번에 해결할 일도 절대 서두르는 법이 없기 때문에 오늘 일을 내일로 미루기는 하지만 자신의 꿈과 이상이 높기 때문에 중도에 포기하는 일이 없이 꾸준히 나가는 운세이다. 금전이나 사업관계는 근근히 이어져 가는 듯해도 성공하고 티끌 모아 태산을 이룬다.

급하게 먹는 밥은 체하기 마련이나 이 괘를 뽑은 자는 본성을 잃고 급하게 서두르면 반드시 뒤탈이 생기지만 성정대로 차근차근 계획을 추진한다면 어떠한 목표라도 이룰 수 있을 것이다.

밤에 이 괘를 뽑으면 무슨 계획이든 좌절이 많고 쉬운 일도 자신에게는 감당하기 힘든 것으로 다가온다. 즉. 어떤 이유에서건 계획한 바를 실천에 옮기지 못하니 머리만 있고 꼬리가 없다. 애정문제는 변함없는 사랑을 의미한다.

96.
산 정상에 올라 보니
아직도 하늘은 멀리 있구나

이 괘를 뽑은 사람은 굉장히 성취욕이 강한 사람이다. 어떤 경우에도 만족할 줄 모르는 사람이며 계속 전진하려는 속성 때문에 결국 자포자기하는 경우도 있으니 만족하는 법을 배워야 한다.

일뿐 아니라 사람에 대해서도 마찬가지이니 인간욕심도 많아 여러 부류의 사람을 사귀고 되도록 자기보다 나은 사람과 교제하기를 원하며 그들과 알게 모르게 경쟁하려는 심리가 있어 자신이 상대를 따라 잡지 못하면 스스로를 괴롭히기도 한다.

이 괘를 뽑은 시기에는 되도록 사업이나 일을 확장하지 않는 것이 좋다.

애정 문제는 남녀 모두 바람둥이 기질이 강한 사람이다. 가정적인 면으로 보면 집을 넓혀가는 운이다. 큰집을 좋아하는 사람이기 때문에 좀더 넓은 집을 원하지만 옮겨가면 또 더 넓은 집을 갖고 싶어한다.

전자제품이나 차도 크고 좋은 신상품을 원하기 때문에 신제품이 나오면 다시 사고 싶어해 과소비를 하게 되므로 자칫 가정에 부채가 늘어나게 된다. 이 사람은 아무리 좋은 물건을 가져도 만족하는 법이 없으니 배우자나 자녀에 대해서도 불만족스러워하며 좀더 나아지길 항상 바라기 때문에 가족들이 피곤해 하기도 한다.

사업적인 면에서도 사세를 확장하기 위한 노력을 아끼지 않는데 사세를 확장하려는 것이 나쁘다기보다는 너무 많은 욕심 때문에 자칫 화를 불러일으킬까 두려우니 되도록 만족하는 법을 배워야 할 것이다.

97.
앉은자리가 불안하니 일어서는 형상이다

앉은자리란 현재자신이 처해 있는 위치나 상황을 의미한다. 즉 자신의 처한 위치나 상황이 불리한 입장이기 때문에 어떠한 변화를 가지려 한다는 의미이다. 그러므로 이 괘는 이동, 변동하는 운세이다.

이 운에서 이동하지 않거나 변화를 가지지 아니하면 구설, 시비가 따르게 되고 망신수도 있다. 어떤 곳에 있건 어떤 처지에 놓여 있건 이 괘가 나오면 이동하고 변화를 가지는 것이 좋다. 그렇지 않으면 쫓겨나는 형상이니 이 괘가 나왔을 때는 하던 일을 중단하고 새로운 길을 모색하라.

애정문제에서 이 괘가 나오면 이별하게 된다.

사업은 서서히 기울어지기 시작하는 때이다. 아직은 확연하게 징조가 보이지 않을는지 모르지만 머지않아 털고 일어나야 하는 시기가 오고 있으니 준비를 함이 마땅하다. 미련을 가지고 붙들고 있으면 더 나쁜 결과를 초래하게 된다.

가정적으로는 이사를 할 운이다. 살고 있는 집의 기운이 다해 더 이상 그 집에서 좋은 일이 일어나지 않고 왠지 집안에 어수선한 느낌이 들거나 악취가 품어져 나오기 시작한다. 이런 경우에는 미련없이 이사를 하는 것이 좋다.

직장에서는 인사이동이나 부서 변경이 있는 대부분 한직으로 밀려나는 경우가 많다. 또는 감원대상이 되거나 명예퇴직 등으로 인한 직업의 변동이 생기는 때이다.

한겨울에 화롯불을 만나니 반갑도다

어렵고 힘든 상황이 변해서 편안하고 안락한 운으로 들어간다. 그 동안의 고생이 사라지고 드디어 편안하게 쉬는 형상이니 병자는 죽지 않고 회생하고 사업자는 안정된 상태로 들어가게 된다. 가정도 화목함을 되찾게 되니 서로 화해하고 사랑으로 감싸안게 된다.

이 괘는 봄이나 여름에 뽑게 되면 우환질고를 암시한다. 늦가을이나 겨울에 뽑는 것이 가장 길한 운이다.

이 괘는 늦은 가을이나 겨울이 아니면 나쁜 괘이다. 늦가을이나 겨울에 화롯불은 추운 기운을 피하게 해주니 귀인을 만나는 격이라 주변의 도움이 있거나 여태 힘들어하던 일들이 의외로 쉽게 풀어지지만, 봄이나 여름의 이 괘는 뜻하지 않은 어려움을 안겨다 주는 형상으로 갑작스런 사고나 질병을 암시한다.

사업적인 면은 늦가을이나 겨울에 이 괘를 뽑았다면 보온, 난방, 따스함 등과 관련 있는 업종에서 성공을 거둘 운이며 그 이외의 사업도 좋아지는 시기이다.

봄이나 여름에 이 괘를 뽑았다면 반대로 보냉, 난방, 시원함 등과 관련 있는 업종에서 성공을 거둘 운이며 그 이외의 사업은 불운의 시기를 맞게 된다.

가정적으로는 늦가을이나 겨울에는 가족간의 화목을 도모하고 애정이 넘치는 시기이지만 봄이나 여름에는 가족간의 다툼이 많아지고 너나 할 것 없이 사고를 일으키게 되며 시끄러운 일이 끊이질 않게 된다.

이 괘를 뽑은 사람은 누구를 막론하고 평생 화상이나 불을 조심해야 한다. 건강으로는 주로 염증이나 암을 유발시키는 체질이니 채식을 하고 물을 많이 마시는 것이 좋다.

아흔 아홉 고비를 다 넘고도 마지막 한고비 못 넘은 이무기 그 설움 하늘 닿아 비가 되어 내린다

일생 한이 많은 사람이다. 고생고생을 하고 힘든 고난의 길을 가도 아무도 알아주는 이가 없으며 앞날에 대한 희망도 깨어지고 보니 마음속 독기만 남게 되어 공든 탑이 무너지는 격이 되고 만다.

대체로 마지막 고비를 못 넘는다는 괘상이나 이 괘를 뽑은 자는 다시 한번 제정비 하여 자신과 주위를 둘러보아야 한다. 이 정도면 됐다고 생각하며 안도할 때 바로 불행이 시작되니 주의하라.

사업은 마지막 돌아오는 고비를 못 넘긴다. 애정문제는 한처럼 품어둔 사랑이다.

이 괘는 가정적으로 불운한 괘이다. 어려서는 부모형제와 인연이 적고 결혼을 해서는 배우자와 자녀의 인연이 적어 가정이 깨어지는 경우가 많으며 가족간의 생사이별을 겪게 되는 운이다.

금전적인 여유가 없어 평소 좋은 음식 좋은 옷을 입어보지 않고 알뜰살뜰 살아도 알아주는 사람이 없고 한번도 풍족하게 써보지 못하는 운이다.

이 괘는 원래 고생을 많이 타고 나는 운으로 어려서나 늙어서나 가족을 부양해야 하는 어려움이 따르고 여자의 경우는 그 고생이 더욱 심하다.

특히 밤에 이 괘를 뽑을 경우는 이제 어느 정도 고생의 끝이 보일 시기에 커다란 고비를 만나 좌절하는 괘로서 사람을 너무나도 힘들고 지치게 하니 세상을 원망하고 하늘을 원망하게 된다는 암시가 따른다.

그러나 마지막 시련이다 생각하고 굳건히 이겨낸다면 운명을 바꾸게 되는 계기가 될 것이다.

100.
아무리 채워도 채워지지 않는 것이
인간의 욕심이다

　자신의 운로로 채울 수 있는 만큼 다 채웠음을 의미하니 더 이상 발전을 기대하거나 욕심을 내는 것은 화를 부른다.

　이 괘를 뽑은 사람은 자신의 그릇이 이것뿐이다 라는 것을 인정하고 더 이상 허망한 꿈을 꾸지 않아야 한다. 가만히 있으면 반이라도 간다는 말이 있듯, 더 이상 욕심을 부리지 않는 것이 삶을 편안하게 살아가는 지혜이니 현재에 적응하고 만족해야 할 것이다.

　금전관계는 모자라는 듯해도 조금만 절약하면 충분하다. 사업문제는 현재상황을 유지하고 더 이상 확장은 금물이다. 애정문제는 100% 맞는 짝이란 세상 어디에도 없다.

　여자가 이 괘를 뽑았을 경우 자칫 쇼핑중독을 의심해 보아야 한다. 이 괘는 삼십대 중반의 여성에게 더 심하게 증상을 보이기도 한다. 일종의 우울증에서 시작되는 것으로 일상에 대한 스트레스를 쇼핑으로 풀려고 해서 나타나는 증상이다.
　남편이나 자녀에 대한 불만족을 나타내는 한 방편이기도 한데 심한 경우에는 집을 날릴 만큼 물건을 사들이는 경우도 있으니 조심해야 한다.

가정적인 문제에 있어서도 화근은 대부분 여자에게 있다. 자식이 매일 일등만 하기를 바라고 남편이 항상 자상하고 일찍 귀가하기만을 바라기 때문에 잔소리가 심해지고 그로 인해 불화가 생긴다.

이 괘를 뽑은 여성은 자신의 일상에 작은 변화를 갖는 것이 좋다. 운동을 한다든지 취미생활을 갖는 등의 방법을 통해 자기만의 세계를 구축한다면 가정이나 가족에 대한 불평불만이 줄어들 수 있을 것이다.

101.
눈을 뜨고 세상을 보라
왜 아직도 잠들어 있느냐

이 괘는 자신의 이상을 실현하기 위해서는 자기성찰을 해야함을 암시하고 있다. 자신의 처지를 인정하지 못하고 당면한 현실을 외면하고 있는 사람이다. 꿈과 현실을 구별하지 못하니 현실도피 행각을 하기 쉽고 자신의 처지를 망각하고 분수에 넘치는 생활이나 행동을 일삼기 쉽다.

이 괘를 뽑은 자는 무엇보다도 자신을 돌이켜보고 반성해야 한다. 그렇지 않으면 영원히 꿈속을 헤매며 현실에 적응하지 못하게 될 것이니 이상을 이루기 위해서는 먼저 현실성을 되찾고 자신에게 냉정해야 할 것이다.

사업이나 일 관계는 잘된다고 생각할 때 가장 위험한 시기이다. 금전관계는 지출과 소비의 불균형을 이루는 시기로 금전감각을 잃어버리기 쉬우니 각별히 신경을 써야 한다. 애정문제는 자신의 배필이 아님에도 불구하고 빠져 있다.

이 괘를 뽑은 이는 시야가 좁다는 암시가 있다. 즉 많은 것을 보려고 하지 않고 자신과 연관성이 없는 일은 보거나 생각지도 않는 사람이다. 흔히 외골수라는 말을 많이 듣게 되고 외길 인생을 걷게 되니 주변사람들에게 답답한 인상을 준다. 그렇기 때문에 자신의 전문분야가 아니면 겁부터 먹게 되고 실패하거나 좌절하면 무엇을 어떻게 해야할지 막막해 한다.

외골수도 좋고 외길인생도 좋으나 세상을 제대로 널리 알리지 못한다면 자신만의 세계가 형성될 수 없다. 즉, 쓸데없는 고집만 생기고 정확한 주관이 없어지는 것이다. 그러므로 이 괘를 뽑은 사람은 견문을 넓히는 것이 좋다. 그렇지 않으면 좋은 운이 오더라도 절대 발전할 수 없다.

102.
문 앞에 누가 서있다고 해서
들어올 이가 못 들어오고 나갈 이가 못나가리

인생이란 늘 어떤 장애에 부딪히게 된다. 하지만 단지 장애 때문에 자신의 일을 제대로 해내지 못한다면 그것은 변명일 뿐 올바른 태도가 아니다.

이 괘를 뽑은 사람이 현재 어떤 장애 때문에 걱정하고 있으면 대체로 이동과 변동하려 할 때 생기는 장애이고, 이는 대부분 마음의 장애 즉, 망설임으로 고민하는 경우가 많다. 장애가 있으면 그것을 치우거나 때려부수든지 장애물 경주하듯 뛰어 넘든지 해야한다.

이 괘를 뽑은 사람은 충분히 극복할 수 있는 문제로 고심하고 있으니 답답한 노릇이다. 용기를 가지고 대처한다면 반드시 극복할 수 있는 운이다.

금전문제는 쉽지는 않으나 융통된다. 사업관계는 불가능해 보일지라도 충분히 성공할 수 있다. 애정 역시 극복할 수 있는 문제에 부딪힌다.

이 괘를 뽑은 사람의 단점은 항상 핑계를 댄다는 것이다. 이런 이유 때문에, 누구 때문에, 상황이 나빠서…. 가만히 생각해 보면 그 정도의 문제는 언제 어떤 일을 하더라도 일어날 수 있는 것임에도 불구하고 마치 불가항력에 부딪힌 것처럼 핑계를 대는 것이다. 그로 인해 많은 기회를 놓치게 된다는 사실은 까맣게 모르고 말이다.

이 괘를 뽑은 사람이 첫째도 둘째도 명심해야 하는 것은 세상 그 어떤 일도 장애가 따르지 않는 일은 없다는 것이다. 또 이 세상 누구도 아무런 장애 없이 살아가는 사람은 없다.

모든 사람이 여러 가지 장애물에 부딪히고 넘어지면서 그 장애를 극복하고 승리하는 것이다. 자신이 너무 쉽게만 세상을 살려고 하는 것은 아닌지 돌이켜 보는 시간이 필요한 사람이다.

103.
추수할 시기를 놓치면
절로 땅에 떨어져 거름이 될 뿐

수확의 계절에는 반드시 농작물을 수확해야 다음 수확기까지 편안하게 사는 법이다. 수확이란 때를 놓치면 내 것이 되지 못하고 그동안 들인 공이 수포로 돌아가 허망하게 된다. 사람의 운명도 적절한 타이밍을 놓치지 않고 제때에 행동해야 하는 법이다.

이 괘를 뽑은 사람은 한시도 게으름을 피우거나 한눈을 팔지 않고 노력함은 물론이요, 행동하거나 실천함에 망설이거나 자신감을 잃지 않아야 한다.

봄에 이 괘를 뽑는다면 희망으로 가득 차 일을 시작하는 운세이니 모든 것이 꿈에 부풀어 있고 활동적이며 의기양양할 때이다. 결실의 때를 잘 포착해야 한다.

여름에 이 괘를 뽑는다면 한차례 지나갈 장마와 태풍이 걱정이라고는 하지만 그 어려운 시기만 잘 넘긴다면 수확의 결실을 얻을 것이니 지금은 비록 고난의 시기라고는 하나 이 고비를 현명하게 대처한다면 반드시 좋은 결실을 맺게 될 것이다.

가을에 이 괘를 뽑는다면 머뭇거려서는 안된다. 바로 지금이 수확

할 때이니 무엇이니 내 것으로 만들 수 있는 시기이며 이 시기를 놓치면 반드시 크게 후회할 것이다. 좋은 운은 자주 오지 않는 법이다.

겨울에 이 괘를 뽑는다면 이미 인생에 있어 좋은 기회를 놓친 사람이다. 분명 좋은 기회가 있었음에도 불구하고 자신의 부주의로 때를 놓쳤으니 누구를 원망하며 무엇을 탓하겠는가. 모든 것이 스스로의 게으름과 부주의 때문이니 깊이 반성해야 할 것이다.

104.
부적으로 액운을 막으라

이 괘를 뽑은 사람이 누구이건 무엇을 하건 이 시기가 무엇인가 새로운 일이나 계획을 하는 때라면 그리고 그것이 뜻대로 잘 진행되지 않는다면 부적을 몸에 지니도록 하라. 특히 이 괘는 앞으로 다가올 여러 가지 불의의 사건 사고를 암시하니 필히 액운을 막아야 할 것이다.

금전은 융통되지 않고 쪼들리는 시기다. 사업은 부도의 위기에 몰리게 되는 시기이다. 애정문제는 이별의 운이니 생사이별 모두가 두렵고 부부지간도 배우자와의 생사이별이나 질병, 외도로 인한 불화가 생긴다.

부적은 각 종교의 상징물로 대처된다. 십자가, 염주, 묵주 등 기도를 위해 사용하는 물건이나 종교단체의 상징물도 부적의 효과가 있으니 각자 종교에 맞는 것을 사용하면 액운을 막을 수 있을 것이다.

105.
광에는 곡식이 쌓이고 마음엔 허기가 차도다

무엇을 하건 어디에 있건 마음이 공허한 사람이나 애정을 받아도 그것을 느끼지 못하고 애정을 주면서도 방법을 모른다고 하니 대부분 어릴 적부터 애정결핍이나 정신적 빈곤에 시달려온 사람이거나 최근 들어 애정결핍이나 정신적 빈곤에 시달리는 사람으로, 그 무엇에도 만족하고 즐거워할 줄 모르는 사람이다.

특히 이 괘를 뽑은 사람은 신경쇠약이나 우울증 등 정신질환에 유의해야 한다. 항상 좋은 음악이나 책을 많이 접하고 종교를 갖거나 돈독한 신앙생활을 한다면 마음의 허기가 채워져 개운되기도 한다.

누구든 마음이 빈곤하고 찬바람이 불면 되는 일이 없는 법이니 명상을 통해 마음의 허기를 채워야 모든 일에 흥미를 가질 수 있다.

이 괘를 뽑은 사람은 뜻하지 않게 질병이 생겨 몸져눕는 경우 도 생기니 건강에도 유의해야 한다. 사업이나 금전문제는 안정을 찾아가는 시기이다. 그러나 이 시기에 사업적인 파트너가 필요한 시기로 일은 많으나 제대로 믿고 일을 시키거나 맡길 사람이 없다. 즉 혼자 해나가기엔 일이 많고 그렇다고 자신을 도와줄 조력자가 없다는 것이 가장 큰 문제가 된다. 그러나 이 시기에는 마음에 맞는 사람을 찾기 힘든 운이니 되도록 신입사원 채용은 하지 않는 것이 좋다.

금전적으로는 여유를 찾지만 그 여유 속에 찾아드는 공허감은 이루 말할 수 없는 상황이다. 겨우 먹고살 만큼은 벌었으나 성에 차지 않고 좀더 벌어보자니 마땅한 일이 없다. 이 경우 역시 시기적으로 일을 하기에는 적합하지 않으므로 당분간 휴식을 취하고 변화를 갖지 않는 것이 바람직하다.

애정적인 문제는 권태와 이별이 찾아드는 시기이고 애정에 대한 믿음이 약해지며 상대의 단점만이 눈에 보이는 시기이다. 그러다 보니 뭔가 새로운 사람, 사랑에 관심을 갖게 되는 시기이니 일방적으로 이별을 통보하거나 자꾸 피하게 된다.

106.
어디에 있느냐

　잘못된 길을 가고 있거나 자신이 있어야 할 곳에 있지 않는 사람에게 잘 나타내는 괘이니 이 괘를 뽑은 이는 자신의 처지를 잘 둘러보아 올바른 삶의 태도를 취해야 할 것이다.

　남들에게 좋은 곳이고 좋은 길이라 하여 그것이 누구에게나 좋은 곳이고 좋은 길일 수는 없지 않는가. 누구에게나 자신에게 알맞은 일과 자리가 따로 있는 법이다. 하루 빨리 자신의 길을 찾는 것이 개운법이다.

　사업적인 면에 있어 이 괘는 조금 위험한 암시를 갖고 있다.　이 시기에는 자신에게 맞지 않는 일을 하고 있거나 하려고 하는 때이다.

　사람은 무엇보다 적성에 맞는 일을 해야 능률이 오르고 발전하는 법인데 이 괘를 뽑은 사람은 경제적인 이유 때문에 자신의 적성과 동떨어진 일을 하는 경우가 많이 있다. 그렇기 때문에 일이 잘 되지 않고 어려운 문제에 자꾸 부딪히게 된다.
　.또한 이 괘는 합법적이지 못한 일을 하는 경우도 많다. 사회규범이나 법에 어긋나는 일에 손을 대게 되는데 자신의 본의 아니게 그런 일에 관련되어 곤란한 일을 당하는 경우도 많다.　그렇기 때문에

이 괘를 뽑은 사람은 자신의 적성에 맞는 일인지 사회규범이나 법에 저촉되는 일은 아닌지 신중하게 검토 검토하고 현명한 선택을 해야 할 것이다.

금전적인 면에서는 이 시기에 자칫 사채에 손을 뻗게 된다. 아무리 어려운 상황이라 하더라도 사채는 쓰지 않는 것이 좋고 이미 사채를 쓴 사람이라면 그 사채를 상환하기 위해 또 다른 사채를 끌어들이는 악순환이 거듭되어 회생의 기회마저 없어지니 각별히 유의해야 한다. 또한 자신의 능력 이상으로 신용카드를 사용하여 신용불량 거래자가 되기도 하니 지출에 있어서도 각별히 신경을 쓰도록 해야 할 것이다. 애정관계는 대부분 바르지 못한 만남이 많다. 삼각관계이거나 가정이 있는 사람을 사랑하는 경우로 서로에게 많은 상처를 주게 되는 만남이니 일찍 정리하는 것이 현명하다.

107.
꿈꾸어라 이루어지리니

간절히 소망하던 일이 성사되고 이루어지는 운세이며 또한 지금부터 어떤 한가지 소망을 염원하면 반드시 이루어지니 길한 운세다. 그러나 꿈만 꾼다고 모든 것이 이루어지는 것은 아니다. 반드시 노력은 필요한 법이다.

이 괘는 바로 노력의 대가가 주어지는 것을 암시하니 이상을 위해 노력한다면 반드시 소망을 이루리라.

108.
번뇌를 벗었으니 인생의 참 진리를 깨달으리

이 괘는 죽었거나 죽음을 앞둔 사람에게 나오는 괘이며 종교인이나 성직자 등 평범한 삶을 누리지 못하는 사람에게서 나오는 괘이다.

이 괘를 뽑은 사람은 잃기 전에 던져야하는 운세이다. 병자가 이 괘를 뽑는다면 삶에 대한 미련을 버리고 죽음을 준비해야 편안한 여생을 보낼 것이며, 평범한 사람은 결코 평범한 생을 살수 없으니 종교인이 되거나 신앙인이 되어 살아야 할 것이며 무속, 역술인이 되기도 하는 운세이다.

사업을 하는 이도 사업에 대한 욕심과 미련을 버려야 할 시기이다. 이 괘는 정신질환이나 자폐증의 우려도 있으니 각별히 유의해야 한다.

[실 예]

● 53년생 (여자)

☞ **7. 해 저무는 길가에서 나그네가 먼 산을 바라보며 한숨짓는다.**

남편의 사업 문제로 고민하던 중 98년 초봄에 밤에 전화 상담 중 숫자를 불러 괘를 뽑았음.

7번 괘는 밤에 뽑으면 그 불길함이 더하고 거지팔자와도 같다 하였는데 괘를 뽑을 당시 건축관련의 일을 하던 남편의 사업이 부도날 위기라 해도 그리 심각하지 않았지만 초여름부터 기울기 시작해 결국 부도를 면치 못하고 쌀 살 돈이 없을 정도로 막막해짐.

● 73년생 (여자)

☞ **73. 증오**

83. 마음에 묻은 때를 벗지 못하고 몸에 묻은 때만 나무란다.

51. 청춘 원혼귀가 따라 다니니 하는 일마다 막힘이 많다.

이 사람은 해외이민한 사람으로 한국에 나와 상담하게 되었다. 자신은 별로 잘못한 일이 없다고 생각하는데도 친구들 사이에 나쁜 소문이 돌았고, 그런 이유로 한 친구에 대한 극도의 증오심을 갖고 있다고 했다. 또한 나이가 찼음에도 불구하고 결혼을 생각해볼 만한 남자를 만난 적이 없다고 했다.

그녀가 뽑은 괘에서 알 수 있듯 73번이나 83번 괘는 남의 잘못보다 자신의 부주의가 크다고 했듯이 나쁜 소문이 돌게 된 이유도 평소 술을 많이 마신다던가 무역관계의 일을 하다보니 남자를 많이 만나고 그런 부분들이 남들 눈에는 이상하게 보였을 것이다. 또한 이민 사회란 조금만 이상하게 보여도 대단한 일인 듯 소문이 나기 마련이다.

51번의 괘가 말하듯 그녀는 그녀를 좋아하는 남자는 많았으나 왠지 자신은 남자들의 단점만 보여 한번도 깊이 있는 만남을 갖지 못했다고 했다.

●58년생 (남자)

☞ **76. 가을 들녘에 곡식이 익고 과일이 열렸으니 풍년이로다.**

   2. 모든 것이 새로우니 처음부터 다시 시작하는 운이로다.

   103. 추수할 시기를 놓치면 절로 땅에 떨어져 거름이 될 뿐.

이 사람은 무역업을 하는 사람으로 불경기임에도 성공적으로 사업을 이끌어 가고 있던 중 의료기 사업에 관한 제의가 들어와 의료기 사업을 희망하고 있으며 그 일을 성사시키려면 가을쯤이나 되어야 사업을 시작할 수 있다고 했다.

76번의 괘는 이 사람이 현재 사업이 잘되었음을 의미하고 2번은 새로운 사업의 출발을 의미하며 103번의 괘는 그 시작하는 시점이 가을임을 의미하니 대체로 길한 운세이다.

●62년생 (남자)

☞ **85. 조상의 묘가 어지럽다.**

51. 청춘 원혼귀가 따라다니니 하는 일마다 힘들도다.

35. 아침에 까치가 우니 필경 길조

이 사람은 51번 괘가 의미하듯 결혼을 했으나 서로간의 불화가 심하여 이혼을 하고 아이를 데리고 어머니와 함께 생활하고 있다.

선산의 훼손으로 인해 조상의 묘 두 곳을 찾지 못하고 있는 실정이며 현재 사귀는 여자와 결혼을 생각하고 있으나 모친의 극심한 반대로 어려움을 겪고 있다.

35번의 괘가 다소 희망적이라 조만간 결혼을 한다고는 보지만 51번의 괘와 85번의 괘가 불길함을 암시하니 재혼을 하더라도 어려움은 많을 것으로 예상된다.

●92년생 (남자아이)

☞ **108. 모든 번뇌를 벗으면 인생의 참 진리를 깨달으리라.**

108. 모든 번뇌를 벗으면 인생의 참 진리를 깨달으리라.

28. 그림을 그리나니 예인의 팔자로다.

98년 상담당시 이미 자폐증을 몇 년간 앓고 있는 아이였다. 아이의 아버지가 괘를 뽑았는데 아이의 아버지는 의사였다. 여러 방면으로 치료를 했으나 별다른 차도가 없었다고 한다. 이 경우는 특이하게 같은 괘를 연달아 두 번을 뽑았는데 종종 이 같은 경우가 있다.

이런 경우 그 의미가 아주 강하게 나타나므로 108번의 평범한 삶을 누리지 못한다는 의미가 더욱 강해져 치유되기 힘든 경우라 할 수 있다.

108번과 28번의 정신질환의 의미가 아주 잘 나타나는 경우이다.

●68년생 (여자)

☞ **33. 남의 것을 탐내는 형상이니 화가 닥치도다.**
 7. 해 저무는 길가에 나그네가 먼 산을 바라보며 한숨짓는다.
 62. 오르막을 오르는 형상.

이 사람은 갑자기 가세가 기울어진 사람이다. 아무런 어려움 없이 잘 살았던 가정인데 아버지의 사업이 IMF가 오면서 기울기 시작하더니 결국 부도가 나게 되었고 자신은 뜻하지 않게 유부남을 사랑하게 되어 괴로워하는 경우이다.

●74년생 (여자)

☞ **87. 책 보따리 짊어지고 산으로 가는 형상**
 8. 촛불을 밝혀 놓고 하늘을 바라보는 형상.
 108. 번뇌를 벗었으니 인생의 참 진리를 깨달으리라.

이 여자는 오랜 동안 악몽과 이상한 현상을 겪은 사람이다. 괘상으로 보아도 평범하게 살기는 힘든 경우로 결국 내림굿을 하고 무속인이 된 경우이다.

●41년생 (남자)

☞ **45. 물레방앗간에 남녀가 몰래 만나니 필경 바르지 못한 만남이다.**
 54. 한 많고 원 많은 조상들이 앞서거니 뒤서거니 둘러앉아 막힘이 많도다
 59. 가는 곳마다 웃음꽃이 피는구나

이 사람은 간암을 앓는 사람이었다. 몇 년간 상담을 했던 사람으로 성격이 굉장히 밝고 명랑한 사람이었다. 98년 여름에 만날 당시 뽑은 괘로서 이미 간암 말기였다. 그러나 간암 말기 환자라기에는 너무도 명랑해 보였는데 결국 99년 5월에 사망했다.

45번의 괘는 당시 미국에서 나와 가족들과 떨어져 혼자 여관에서 생활하며 투명한 환경을 이야기하는 것으로 남들에게는 말못할 가족 간의 문제가 있었고 54번의 괘가 이 사람의 건강운을 대변하는 것이었다.

●61년생 (남자)

☞ **11. 북두칠성의 기운이 그대로 내려서니 칠성공덕으로 살아가리라.**

94. 가시밭길을 가다가 가죽신을 줍는 형상.

백지

이 사람은 어려운 가정환경에서 열심히 공부해 외과전문의가 된 사람이다. 괘를 뽑을 당시 의료사고가 나서 힘든 고비를 만났으나 잘 해결이 되었고 이후 병원을 개업했다.

11번의 괘는 사람의 명과 복을 다루는 일과도 일맥상통하고 94번의 괘는 이 사람이 어려운 역경을 이겨내게 되는 과정을 의미하는 괘상으로 평생의 가죽신은 자신의 아내요, 의료사고시 가죽신은 같은 병원에 근무하던 의사들을 의미하는 것이다.

위와 같이 두 번째나 세 번째 괘를 뽑을 때 백지가 나오면 더 이상 괘를 뽑지 않아야 한다. 즉 한 개의 괘 혹은 두 개의 괘로 모든 상황이 설명되어 지기 때문에 더 이상 괘를 뽑는 것은 무의미한 일이다.

●55년생 (여자)

☞ **41. 여기서도 쿵, 저기서도 쿵, 사고 조심**

107. 꿈꾸어라 이루어지리니
74. 나그네가 수레 가득 곡식을 싣고 집으로 돌아옴

이 여자는 외국인 회사에서 로비스트로 일하던 사람으로 실력을 인정받았던 사람이다. 외모 또한 아름다워 그야말로 지성과 외모를 갖추었고 뛰어난 외국어 실력으로 누구에게든 인정받는 사람이었으나 사내에 나쁜 일로 퇴직하고 액운이 겹치기 시작했다.

107번의 괘는 그녀가 무엇이건 마음먹은 일을 해내고 마는 성격을 의미하고 74번은 그녀의 퇴직을 의미하며 41번은 퇴직 후 겹치는 액운을 의미했다. 괘를 뽑을 당시만 해도 그렇게 어려운 상황은 아니었으나 몇 개월 후 주식투자를 잘못하는 바람에 갖고 있던 재산을 날리게 되었다.

正心訓

늘 옥상황제님과 선신들께 감사하는 마음으로 생활하라.

삶은 옥상황제께서 주신 영혼의 성장기이니 正心으로 생활하라.

모든 눈에 보이는 것을 잘 구분지어 거짓에 넘어가지 않도록 하라.

물질적 욕구를 억제하고 영혼의 진화에 노력하라.

자신의 기가 허약할 때 남을 돕지 않도록 하라.

거짓된 행동과 말을 하지 아니하고 남의 거짓을 탓하지 아니하며 스스로 진실해지려고 노력하라.

남의 종교를 비방하지 말고 존중하라.

남을 욕하지 아니라고 칭찬하는 버릇을 가지라.

조상을 공경하고 열심히 공양하라.

허공 중에 떠도는 모든 영혼을 가엾게 여겨 위로하라.

남에게 자신의 믿음을 강요하지 않도록 하라.

모든 사람을 사랑하라.

이 모든 계율을 가슴 깊이 새겨 어김없이 생활하라.